研究生教育指数
理论与实证

黄宝印 著

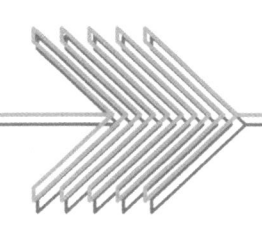

中国人民大学出版社
·北京·

序

研究生教育在培养创新人才、提高创新能力、服务经济社会发展、推进国家治理体系和治理能力现代化方面具有基础性作用，也是影响国际人才和科技竞争的关键力量。党的十八大以来，我国研究生教育进入新的发展阶段，培养规模持续扩大，体系架构不断健全，战略地位更加凸显。与此同时，我们也面临百年未有之大变局，世界科技酝酿新的突破，新一代信息技术蓬勃发展，国际政治经济格局深刻变化。在这一挑战与机遇并存的关键时期，我国研究生教育更需认清面临的复杂形势和历史任务：我国研究生教育的质量和发展状况如何？与世界发达国家研究生教育发展相比具有哪些优势与不足？这就需要在全球背景下，以国际视野对我国和世界发达国家的研究生教育发展进行历史的比较分析研究、现状的动态监测评价和趋势的预测判断。

宝印同志长期从事学位与研究生教育管理实践与政策研究，是我国学位与研究生教育管理和政策研究领域的实践者、思考者、推动者，曾任国务院学位办副主任、教育部学位管理与研究生教育司副司长、教育部学位与研究生教育发展中心主任等职，现任对外经济贸易大学党委书记。宝印同志先后主持了研究生培养质量保障体系研究与构建、专业学位总体设计研究、学科评估与专业学位水平评估、首轮"双一流"建设政策体系研究等体制机制和政策研究课题；组织撰写了《世界主要国家和地区医学学位体系概况》《硕士、博士专业学位研究生教育发展总体方案》《国外研究生教育评估制度研究》《统筹推进世界一流大学和一流学科建设总体方案》《关于统筹推进世界一流大学和一流学科建设实施办法》等重要文件或报告。

《研究生教育指数：理论与实证》一书是宝印同志主持的国家社科基金重点项目"我国研究生培养质量指数研究"的主要成果之一。该项目旨在以指数形式监测和展示国家的研究生培养质量，丰富和完善研究生教育评价体系，根据项目进展，首先提出并构建了"研究生教育发展指数"。指数分析是一种有效的对事物发展程度或水平进行综合评价的数据统计分析方法，在各行业得到广泛应用。"研究生教育发展指数"的提出必将有助于我国研究生教育的高质量发展。

本书内容"博观而约取，厚积而薄发"。理论部分对研究生培养质量指数、研究生教育质量指数和研究生教育发展指数的核心概念、内涵、要素进行了系统分析，形成了基于本体-功能-保障的理论分析框架，并将研究生教育发展监测归纳为充分度、贡献度和保障度三个维度；实证部分对世界部分国家的研究生教育、博士生教育发展指数和我国的专业学位研究生教育质量指数进行测算分析；案例部分对美国、英国、德国和法国等发达国家的高等教育评估情况进行了研究分析，归纳出这些国家研究生教育质量评价的发展趋势；最后，根据研究生教育指数的相关理论研究、实证分析和国际案例研究，论述了加快发展高质量研究生教育的历史背景和重要意义，提出了树立包容性评价的新理念，探索构建包容性国际大学评价新范式。

"文章合为时而著"。我国目前正处于由研究生教育大国向教育强国迈进的历史进程，时值当下出版本书，具有重要意义。本书关于研究生培养质量指数、研究生教育质量指数和研究生教育发展指数的理论探索，在学理上根植于研究生教育的质量观和发展观，在实践中与研究生教育发展的评价评估密切结合，填补了目前我国研究生教育指数的概念渊源、理论要点研究和指数构建等方面的空缺，丰富和发展了研究生教育监测评价理论与方法，也是对中国特色教育学研究的有益探索和丰富，有助于在世界视角下比较研究各国研究生教育的发展态势，有助于衡量我国研究生教育在世界研究生教育中的发展状况和地位，从而助力我国研究生教育的高质量发展和研究生教育的国际交流与合作。

2023 年 7 月

前　言

　　研究生教育指数旨在通过理论构建及指标测算,客观反映研究生教育的发展状况,帮助我们探索并发现研究生事业的发展规律。笔者主持的国家社科基金重点项目"我国研究生培养质量指数研究"(批准号 AIA180011),提出构建我国"研究生培养质量指数"。在调研过程中,听取了多方专家学者意见。前期专家们建议将研究重心由"研究生培养质量指数"转到"研究生教育质量指数",课题组在其后研究过程中,提出构建"研究生教育发展指数"。研究生教育发展指数概念的提出,经历了一段时间的概念、内涵、外延及其意义的思考、研讨与探索,从培养质量指数到教育质量指数,再到教育发展指数的两次转变过程,是认识深化的过程。本书对研究生培养质量指数、研究生教育质量指数以及研究生教育发展指数的理论内涵和相关指标概念进行了归纳分析,并以此为基础,先后开展了世界主要国家研究生教育发展指数、世界主要国家博士生教育发展指数,以及我国专业学位研究生教育质量指数的实证分析。相关数据截止到2019年。

　　本书主要研究思路和相关章节安排如下:

　　第一章为绪论,介绍研究选题的时代背景,以及目前研究生教育指数研究及发展评价的主要进展。主要回顾关于指数的研究与探索、教育指数的相关理论与实践经验，通过归纳研究生培养质量评价、研究生教育质量评价和研究生教育发展评价的相关研究成果，为后续章节进行研究生培养质量指数、研究生教育质量指数和研究生教育发展指数的深入分析提供理论基础。

第二章为研究生教育指数理论研究，主要对研究生培养质量指数、研究生教育质量指数和研究生教育发展指数的核心概念、内涵、要素进行理论分析，阐述各类研究生指数研究的学术意义与应用价值，系统梳理国内外相关研究现状并予以评价，从理论层面探讨三类研究生教育指数的构建路径。该章参考现有研究框架，形成基于本体-功能-保障的理论分析框架，将研究生教育发展监测归纳为充分度、贡献度和保障度三个维度。其中，充分度是教育发展过程因素，是发展过程中内部发展充分性和与外部发展适应性的体现；贡献度是教育系统产生的结果和影响因素，教育发展的过程是教育不断输出的过程，这是教育系统的"过程输出"；保障度与教育系统运行的原始材料相关，是系统中的资源和条件因素，包含教育系统为达到某一结果而采取的行动。

第三章为研究生教育指数实证分析，在研究生教育指数理论研究的基础上，从不同研究视角，针对世界主要国家研究生教育发展指数、世界主要国家博士生教育发展指数和我国专业学位研究生教育质量指数开展实证研究。世界主要国家研究生教育发展指数通过收集到的36个国家的数据，测算2014—2019年的研究生教育发展指数得分；世界主要国家博士生教育发展指数研究选取世界上博士生教育规模最大且影响力最大的15个国家，以注册博士生数、每百万人口注册博士生数、高校教师数、研究与发展（R&D）经费数、世界一流大学数、世界顶尖博士培养人数、五年累计授予博士学位人数，以及五年每百万人口授予博士学位人数八个指标编制了国际博士生教育发展指数排名；我国专业学位研究生教育质量指数研究，主要梳理我国专业学位教育质量现状的相关研究成果，明晰专业学位研究生教育质量的内涵，基于过程管理理论构建以教学培养指数、实践培养指数、成果产出指数、胜任力指数、就业质量指数、满意度指数为二级指数的专业学位研究生教育质量总指数（PGEQI），并提出投入充分度、产出充分度、投入产出优化度、高质量教育度以衡量专业学位教育整体投入产出状况。

第四章为研究生教育质量评价的国际案例研究，主要围绕美国、英国、德国和法国等发达国家的高等教育评估情况进行简要阐述，介绍英法德研究生教育质量评价的现状特征，并从评估组织、评估方法、评估指标、评估内容等方面，归纳欧美国家研究生教育质量评价的发展趋势。

第五章为中国研究生教育发展展望，根据前面章节关于研究生教育指数的理论研究、实证分析和国际案例研究，深入阐释加快发展高质量研究生教育的历史背景和重要意义；通过分析当前主要国际大学排名呈现的基本特征，以及基于包容性发展理念和大学评价实践的理论分析，提出树立包容性评价新理念，探索构建包容性国际大学评价新范式。

黄宝印

2024 年 1 月

目 录

第一章 绪论 ... 1

第一节 研究生教育指数的研发价值 ... 1
第二节 研究生教育发展评价及指数研究的主要进展 ... 3
一、关于指数的研究与探索 ... 3
二、教育指数的理论与实践 ... 7
三、研究生培养质量评价相关研究 ... 10
四、研究生教育质量评价相关研究 ... 13
五、研究生教育发展评价相关研究 ... 17

第二章 研究生教育指数理论研究 ... 23

第一节 研究生培养质量指数 ... 23
一、研究生培养质量指数的内涵 ... 24
二、研究生培养质量指数的内外部关系 ... 25
三、研究生培养质量指数的构建 ... 29
第二节 研究生教育质量指数 ... 32

一、研究生教育质量指数的研究意义 …………………………… 33
　　二、研究生教育质量指数的内涵 ………………………………… 36
　　三、研究生教育质量指数的构建 ………………………………… 38
　　四、小结 …………………………………………………………… 47
第三节　研究生教育发展指数 …………………………………………… 48
　　一、研究生教育发展指数的研究意义 …………………………… 49
　　二、研究生教育发展指数的内涵 ………………………………… 51
　　三、研究生教育发展指数的构建 ………………………………… 55

第三章　研究生教育指数实证分析 …………………………………… 58

第一节　世界主要国家研究生教育发展指数研究 ……………………… 58
　　一、研究对象的选取原则及研究对象国家的选定 ……………… 59
　　二、构建研究生教育发展指数指标体系 ………………………… 61
　　三、研究生教育发展指数趋势变化——36国的数据分析 ……… 66
　　四、世界主要国家研究生教育发展指数差异及分析 …………… 73
第二节　世界主要国家博士生教育发展指数研究 ……………………… 76
　　一、博士生教育发展指数的内涵 ………………………………… 77
　　二、博士生教育发展指数模型的构建 …………………………… 79
　　三、国际博士生教育发展指数的实证研究 ……………………… 83
　　四、小结 …………………………………………………………… 92
第三节　我国专业学位研究生教育质量指数实证研究 ………………… 93
　　一、专业学位研究生教育质量内涵 ……………………………… 94
　　二、专业学位研究生教育质量指数构建 ………………………… 97

三、我国专业学位研究生教育质量指数的数据来源 …………… 100

　　四、我国专业学位研究生教育质量指数的测度结果 …………… 102

　　五、小结 ……………………………………………………………… 104

第四章　研究生教育质量评价的国际案例研究 ………………… 107

第一节　欧洲国家研究生教育质量评价 ……………………………… 108

　　一、法律法规的支撑 ……………………………………………… 109

　　二、高等教育机构的内部控制机制和外部认证机制 …………… 110

　　三、欧洲国家研究生教育质量评价体系的特点 ………………… 111

第二节　英法德研究生教育质量评价体系 …………………………… 114

　　一、英国科研质量评估系统——REF 学科评估 ………………… 114

　　二、法国高等教育评价的基本情况 ……………………………… 117

　　三、德国研究生教育质量评价的现状特征与发展趋势 ………… 123

第三节　美国研究生教育质量评价 …………………………………… 134

　　一、美国高等教育评价的基本情况 ……………………………… 134

　　二、美国研究生教育评价的政策变化 …………………………… 136

　　三、美国研究生教育质量评估系统的特征——以博士点
　　　　评估为例 ……………………………………………………… 138

第四节　欧美国家研究生教育质量评价的发展趋势 ………………… 141

　　一、在评估组织上，逐步走向规范化、科学化和公开化 ……… 141

　　二、在评估方法上，继续采用量化评估与同行评估相
　　　　结合的方式 …………………………………………………… 141

　　三、在评估指标上，逐步实现三个转变 ………………………… 142

四、在评估内容上，兼顾人才培养和社会服务功能 …………… 142

五、在评估结果应用上，慎重与政府拨款挂钩 ……………… 143

第五章　中国研究生教育发展展望 ……………………………… 144

第一节　加快发展高质量研究生教育 ……………………………… 144

一、研究生教育是国家发展战略的重要支撑 ……………… 145

二、研究生教育是创新人才培养的重要根基 ……………… 147

三、研究生教育是国家创新力的重要基石 ………………… 149

四、研究生教育是国际竞争力的重要支柱 ………………… 152

五、研究生教育是教育现代化的重要先导 ………………… 154

六、研究生教育是高校师资队伍的重要支撑 ……………… 156

七、研究生教育是一流大学建设的重要标志 ……………… 158

八、研究生教育是繁荣哲学社会科学的重要基础 ………… 160

第二节　树立包容性评价新理念　探索构建国际大学评价新范式 …… 162

一、当前主要国际大学排名的基本特征 …………………… 164

二、包容性评价理念的理论基础与内涵 …………………… 166

三、包容性国际大学评价体系探索 ………………………… 171

参考文献 ……………………………………………………………… 178

第一章 绪 论

第一节 研究生教育指数的研发价值

2018年，习近平总书记在全国教育大会上发表重要讲话指出，不断使教育同党和国家事业发展要求相适应、同人民群众期待相契合、同我国综合国力和国际地位相匹配。2020年，习近平总书记对研究生教育工作作出重要指示强调："中国特色社会主义进入新时代，即将在决胜全面建成小康社会、决战脱贫攻坚的基础上迈向建设社会主义现代化国家新征程，党和国家事业发展迫切需要培养造就大批德才兼备的高层次人才。"新时代，研究生教育的战略地位更加凸显，在培养创新人才、提高创新能力、服务经济社会发展、推进国家治理体系和治理能力现代化等方面具有更为关键的作用。

近年来，我国研究生事业取得了辉煌的成绩，发展规模和培养质量大幅提升，为各行各业培养了近千万高层次创新型人才，在经济发展和社会建设中发挥了应有的高端引领与战略支撑作用。但是，与党中央、国务院的要求和人民群众的期盼相比，与肩负的使命相比，与国际高水平研究生教育相比，我国研究生教育在发展理念和质量文化、创新精神和实践能力、培养质量保障和监督力度等方面还有明显不足。在教育部、国务院学位委员会的大力推动下，研究生教育综合改革深入推进，学位授权点建设、学位论文质量监测、学科评估、专业学位水平评估等中国特色的研究生教育质量保障与评价体系不断完善。在研究生教育快速发展的进程中，研究生教育的质量意识、导师育人观念、规模与质量、创新与贡献、国内发展与国际比较等方面，还有很多工作需要加强，特别是立足新时代的质量评价理念与理论、质量评价实践等更需予以高度重视，而在国际视野下观察观测和总结我国研究生教育的发展、质量、贡献，体现国情特色、体现成就进步，是需要教育工作者认真思考与实践探索的十分有意义有价值的事情。

在新发展格局下，如何科学有效地监测和评价研究生培养质量，积极引导研究生培养单位突出人才培养中心地位、落实立德树人根本任务，办人民满意的研究生教育？我国研究生教育发展状况及趋势如何？与其他有关国家研究生教育发展状况及趋势是否可比？在全球背景中，对我国和世界主要国家的研究生教育发展进行动态的、历史的、趋势的监测、评价与比较，已成为当前亟待解决的重要问题，也是教育主管部门关心、社会关注和大众关切的热点问题。以指数方式呈现研究生教育的发展、变革、成就、贡献，进行不同区域、不同层面的比较衡量，是研究生教育研究尚属空白的领域。

我国由研究生教育大国向教育强国迈进的历史进程中，需要以推动研究生教育发展为基本出发点，通过研究生教育相关指数的研发归纳，从内涵式发展与外延式发展的维度对我国研究生教育的国际地位进行量化评价，衡量研究生教育国际发展水平和高质量发展能力，反映我国研究生教育发展的宏观趋势和国际竞争力；以指数促建设、促改革、促管理，逐步提高我国研究生教育治理能力和治理水平，及时呈现各地区、各类型、各层次研究生培养的主要特征，探索发现研究生培养规律，反映研究生培养的内涵式、结构性、战略性调控，主动服务于研究生教育内涵式高质量发展和"双一流"建设战略。

第二节 研究生教育发展评价及指数研究的主要进展

一、关于指数的研究与探索

指数是一个在数学、经济学和统计学等领域中被广泛应用的概念，指数的定义随着经济社会的发展和指数理论的发展而不断变化。指数有时与指标等同，有时又包含指标。关于指标的定义，学者们有不同的界定。比如：指标是反映社会现象在一定时间和条件下的规模、程度、比例、结构等的概念和数值，它一般由指标名称和指标数值组成，常常以绝对数、相对数或平均数表示[1]；指标是一种标准、规制、工具，反映了一定的价值判断和价值追求；指标作为复杂事件和系统的信号或标志，是反映或指示系统发展的信息集合；在一定价值理念指导下，指标能够衡量社会经济生活发展水平、增长速度

---

[1] 高书国. 教育指标体系：大数据时代的战略工具[M]. 北京：北京师范大学出版社，2009.

和变化趋势[1]；等等。

　　随着 20 世纪世界经济的迅速和复杂化发展，经济指标对于把握和引领经济发展需求做出了重要贡献，经济指标价值凸显，同时，对社会发展进行指标测量也日益增多。比如，芝加哥大学的奥格本主持出版了《美国最近社会趋势》，这是一本涵盖了美国各个生活层面发展趋势的完整统计报告[2]。第二次世界大战后，面对人口膨胀、资源短缺、环境污染、贫富分化、犯罪猖獗等一系列问题，大众开始关心贫穷、种族、卫生保健、环境污染、失业、居住等社会问题，肯尼迪执政初期，每年出版一期《健康、教育、福利趋势》，其中健康、教育和福利指标都是对现状的罗列和堆积，试图以此测度社会福祉。1966 年出现了"社会指标"一词，雷蒙德·鲍尔出版的《社会指标》一书开始较为广泛地观测社会状况的变迁。1969 年，罗素·赛奇基金会出版了《向社会报告迈进：下一步》，激起了业界对社会指标的浓厚研究兴趣，越来越多的国家出版了有关全国性社会、经济状况趋势的报告，以期能反映社会整体状况。但相较于经济现象，社会现象的复杂性和抽象性使得即便有了代表性的指标也只能对其进行有限反映。随着第三世界国家的崛起，国际形势日趋多元化，社会指标更受人们重视，即便没有硬性价值，但仍然是理解社会的一种便捷方式。1973 年，经济合作与发展组织（OECD）与 24 个成员国完成了社会指标发展方案，相继出版了《OECD 多数国家共同关切的社会问题目录》《测度社会福利——社会指标发展报告》，并对如何运用较佳的测度方法进行了分析。

　　我国在对经济社会发展进行衡量时，仅"综合"一项就使用了国内生产

---

[1] 高书国. 教育指标体系的特点和功能 [J]. 教育与教学研究，2014(12).
[2] ROSSI R J, GILMARTIN K J. 社会指标导论：缘起、特性及分析 [M]. 台北：明德基金会生活素质出版部，1985.

总值、总人口数、出生率、死亡率、就业人数、失业率、全员劳动生产率、国家外汇储备等若干指标[①]。这些指标综合反映了我国经济社会发展情况。指标体系的"指标"有一定逻辑关系，有共同的目的，彼此之间能够相互联系，从而有助于进行更加综合和深入的分析。

从指数产生、发展的历史来看，指数的演变具有以下几方面特征：

（1）从物价指数到相对数。从指数产生和发展的历史来看，最早的指数是物价指数，早在1675年英国学者赖斯·沃汉（Rice Voughan）就在《货币铸造论》中，编制了反映金属货币交换价值变化的指数[②]。20世纪初，指数的定义不再局限于物价指数，所有反映经济现象动态变化的相对数都被视为指数。美国学者理查德·莱文（Richard I. Levin）在《管理统计学》中将指数定义为一种动态相对数。

（2）从时间指数到空间指数。现代社会，指数的应用不仅突破了动态对比的范畴，而且推广到经济现象在不同地区、不同部门和不同国家的对比，认为相对数都是指数。比如，《不列颠百科全书》将指数定义为一种相对数，可用于经济现象在时间、空间上的对比。当前我国学界对指数的一般性定义为，指数是综合反映由多种因素组成的经济现象在不同时间和空间条件下平均变动的相对数。

（3）从经济指数到社会指数。在指数发展的300多年间，统计指数的应用和理论不断发展，逐步扩展到工业生产、进出口贸易、铁路运输、工资、成本、生活费用、股票证券、教育、人的行为和心理等各个方面。由于对当

---

① 中华人民共和国国家统计局.中华人民共和国2017年国民经济和社会发展统计公报[M].北京：中国统计出版社，2018.

② 徐国祥.统计指数理论及应用[M].2版.北京：中国统计出版社，2009.

时社会问题的关注，欧美国家开启了经济学主导的社会指数研究，到20世纪60年代逐渐发展为社会指数研究运动，开始关注大规模的国家层面的生活质量调查。当代社会学幸福感研究就是社会指数研究运动的延续和发展[①]。联合国开发计划署罗米纳·班杜拉（Romina Bandura）统计了全球各种关于国家排名的指数，截止到2008年底已不完全统计到各种国家指数178种之多[②]。这些指数涵盖经济、政治、社会和环境等各领域，其中包含了联合国教科文组织2002年研发的全民教育（education for all，EFA）发展指数。指数研制机构包括公共组织，如世界银行、联合国开发计划署、公立大学、政府机构，也包括私人机构，如咨询公司、非政府组织、财务服务公司、私立大学等。

（4）从简单指数到复杂指数。荷兰统计学家亨利·泰尔（Henri Theil）于1957年将指数理论划分为统计学指数理论和经济学指数理论（函数论指数），但他同时也指出，只有统计学指数理论所建立的公式才是适用的[③]。在谈到统计指数公式的起源时，帕尔·科夫斯（Pal Koves）指出，"起初"只有未加权的价格指数公式。"起初"的意思一是指价格指数的计算要早于数量指数，二是指未加权指数先于加权指数。科夫斯将指数公式划分为三代，即第一代简单公式、第二代加权公式、第三代交叉时间对偶公式。他强调，较简单的和较复杂的、改进了的指数公式的应用，不仅仅是一个统计方法论的发展阶段问题，还与所需数据的收集方法、资料收集的可能性、所用程序的成本，以及统计工作的效率密切相关，较为先进的指数公式的出现，并不见得

[①] 马妮. 从指数研究到社会指数运动：20世纪社会指数运动之社会学审视（1）[J]. 学术界，2017(1).

[②] BANDURA R. A survey of composite indices measuring country performance: 2008 update. United Nations Development Programme Office of Development Studies, 2008.

[③] 徐国祥. 统计指数理论及应用[M]. 2版. 北京：中国统计出版社，2009.

一定会排斥欠先进指数公式的应用，比如一些未加权指数公式就应用于某些加权指数公式之中[①]。最为典型的案例是联合国开发计划署研制的人类发展指数（HDI），HDI 最初采用简单算术平均计算方法，2010 年做了一些修改，采用每个维度所取得成就的标准化指数的几何平均数[②]。班杜拉将其统计的 178 种指数分为三种类型，分别是复杂指数、简单指数和单个指标[③]，反映了指数应用现实中，简单指数和复杂指数共同存在的现象和事实。

（5）从小数据指数到大数据指数。在指数发展的很长一个时期内，指数所使用的数据大多数为抽样调查数据，这些数据的规模都不大，可以称为小数据指数。进入 21 世纪，随着互联网和信息技术的高速发展，大数据的概念随之产生，大数据指数也开始出现，大数据分析和大数据指数在各类主体的决策中开始发挥越来越重要的作用。2014 年 7 月，澳盛银行首次将阿里巴巴系列指数纳入通货膨胀观察标的，标志着大数据指数已经开始对传统的统计调查指数提出了挑战。随着大数据研究广泛性、科学性的发展，以及方法论和软件工具的进步，大数据指数对传统统计调查的佐证、补充乃至融合将会成为一种新趋势[④]。

二、教育指数的理论与实践

教育指数（指标）是用来衡量教育发展的工具，由一系列的指标以某种

[①] 科夫斯. 指数理论与经济现实 [M]. 北京：中国统计出版社，1990.
[②] 陈友华，苗国. 人类发展指数：评述与重构 [J]. 江海学刊，2015(2).
[③] BANDURA R. A survey of composite indices measuring country performance: 2008 update. United Nations Development Programme Office of Development Studies，2008.
[④] 米子川，姜天英. 大数据指数是否可以替代统计调查指数 [J]. 统计研究，2016(11).

逻辑组合在一起的整个结构模型便是教育指标体系。教育作为社会系统的构成部分，具有相对独立性，但不具备自足性。由于教育与社会之间的包含与被包含关系，社会指标在不断发展的同时，催生了教育指标的形成与发展。教育指标的兴起源于社会指标的发展和细化，而社会指标的起源离不开经济指标对理解和引领经济发展的价值。教育指标的意义在于将复杂的事件和系统进行简化，从而使得交流变得容易、便捷和定量化[1]。

20世纪70年代，教育系统开始构建相对独立的教育指标和指标体系。1975年，美国国家教育统计中心出版了《教育状况》，教育指标作为解决教育预算使用的问责性和透明度的解决方案被提出，为政策决策提供教育系统状态信息[2]。之后，教育指标逐步走向成熟，并形成了联合国教科文组织的《世界教育报告》、世界银行的《世界发展报告》等之中的具备影响力的指标体系。从全球范围来看，教育规模和数量均在大幅度增长，在联合国教科文组织国际教育规划研究所的指导下，各国建立了供给导向的教育信息管理系统，主要使用事业指标监测教育事业的规模变化，使用经费指标评价政府教育投入的变化。20世纪80年代，发达国家教育规模相对稳定，开始转向追求教育质量。因此，仅使用数量和规模指标已无法满足教育发展评价的需求，对教育效率、教育公平的评价需要更加系统的指标体系。

综合性的社会指标中对教育系统的度量是体现社会可持续发展能力的重要部分。在人力资本理论的影响下，教育指标的参与显得尤为重要，且在有影响的社会指标体系中都存在相关的教育指标。例如，物质生活质量指数中

---

[1] HARDI P, BARG S, HODEG T, et al. Measuring sustainable development: review of current practice [M]. Ottawa: Industry Canada, 1997.

[2] WYATT T. Education indicators: a review of the literature[R]. Paris: OECD, 1994.

有三个重要指标：识字率、平均寿命和婴儿死亡率，其中识字率这一指标反映了生活水平和教育发展程度。英格尔斯现代化指标体系的 11 项指标中有两项为教育指标，即成人识字率在 80% 以上、在校大学生占 20～24 岁人口比例在 10%～15% 以上，体现了对教育的重视程度。人类发展指数的三个基本要素寿命、知识和生活水平中，知识作为一项教育要素，用成人识字率和小学、中学和大学综合入学率衡量。欧洲社会指标体系中的教育和职业培训是重点分析对象，并且还有一整套的教育指标。

具备国际影响力的教育指标体系中，联合国教科文组织发布的《世界教育报告》、世界银行的《世界发展报告》、美国国家教育统计中心的《教育状况》和《教育进步评估》、OECD 的《教育概览》都明确指出了教育指标的特点和组织形式。联合国教科文组织在 2000 年前每两年发布一期《世界教育报告》，共 5 期。其指标体系在确定的理论框架下形成了具有逻辑意义的指标框架，包括教育供给、教育需求、入学和参与、内部效率以及产出等五部分。世界银行在其发布的《世界发展报告》中，涉及教育的指标包括教育投入、受教育机会、教育效率和教育成果四部分，既呈现问题，又聚焦问题，并根据指标数据的测量提出建议，反映了当前教育指标发展的重要趋势。美国国家教育统计中心发布的《教育状况》包含人口特征、教育参与、初等和中等教育、中学后教育概况四个领域的十几项指标，概括了美国教育的纵向变化和国际比较。《教育进步评估》对美国学生的学术成就进行评估。OECD 发布《教育概览》的教育指标理论框架采用背景－投入－过程－产出的模型，对教育所处的背景、投入资源、教育历程和教育成果进行全面研究，为教育政策制定人员提供相关信息。

三、研究生培养质量评价相关研究

经济社会的发展、劳动力市场对研究生需求的变化,时常引起学者们反思研究生培养的目标和办学定位,随着研究生规模的急剧扩张,各国学者开始思考研究生培养的意义到底是什么,在数量增长的压力下如何保障质量标准,多少机构、哪些机构应该授予学位等问题。根据目前掌握的文献资料,目前国内外少见对高校研究生培养质量指数展开专门研究,与之密切相关的高校研究生培养质量研究与评价则比较常见。

美国大学联合会(AAU)早在1912年就专题研讨了日益专业化的哲学博士如何适应现实需求的问题。为了保障研究生培养质量,1961年美国研究生院理事会(CGS)成立,并与AAU下设的研究生教育委员会(ACGS)对全国各大学研究生课程和培养计划提供政策性指导,以促进研究生培养质量的提高。2001—2005年美国卡内基教学促进会针对化学、教育、英语、历史、数学和神经科学等六大学科,开展了长时段的卡内基博士生教育创新计划(CID),并于2006年出版了题为《展望博士教育的未来:为学科看守者作好准备》的卡内基博士生教育报告。在该报告中,戈尔德(Golde)等学者反思了博士生培养目标,并坚持认为培养学科看守者(亦称学科领导者、学科带头人、学科守门人)依然是主要目标。当然,所谓的"学科看守者"并非传统的、狭义的学科专业教师或科研人员,而是指以培养学者的方式使研究生具有理智的诚实、对真理的热爱等品质,能够创造新知识并且批判地传承有价值的知识。这样的学者将来既可以在大学或科研机构任职,也可以在政府部门、企业或者其他部门服务。

欧洲大学联合会也指出,研究生培养的核心任务是通过原创性研究生产、发展知识，既要为学术职业培养年轻一代的研究者，也要不断在公共部门或研究机构、业界或服务部门等领域发挥重要作用。因此，既要培养研究生的通用技能，也要培养其职业能力；研究生既要有独立工作的能力，又要具备团队合作的能力。2009年开始，德国科研信息与质量保障研究所开始对若干大学博士项目博士生进行追踪调查，以对结构化的博士培养项目质量进行评估调查。该项目在博士生学业开始之初、毕业以及获得学位三年后三个时间节点上进行在线问卷调查，主要分析指标分为三个维度：质量评估指标，劳动力市场表现、业绩和科研产出指标，人力资源指标。该项目旨在全面考察博士生培养项目的输入、过程以及输出质量，并结合了学术评价、市场评价、效率、人力资源发展等多个维度的价值标准，体现了知识社会背景下，博士研究生教育负载的复杂目标导向和问责机制。

法国研究生培养质量评价主要由国家评估委员会（CNE）组织和负责。CNE是一个政府组织机构，它独立于总理、教育部长和其他执行机构，直接向总统报告。国家评估委员会成员由总统直接任命，其中有11位学术代表，有6名来自政府机构的人员。委员会成员大多来自学术界，1~2名来自产业界，也有可能有1名外国专家。评估主体包括大学校长、教师、学生、高等教育行政和技术主管、学术界人士、产业界人士。CNE的评估工作包括三个部分，即学校评估、学科评估和对法国高等教育状况进行总体评估。它既对学校的教学、科研、管理以及环境进行评估，还对学校及教育部门的合同执行情况进行检查，虽然评估结果不直接决定经费的分配，但是评估结果与政策制定有着密切的关系。法国在教育行政管理方面实行高度的中央集权制的集中统一管理。教育政策和标准由国家统一制定，地方政府和教育行政机关必须严格按照中央政府的决定和指示办事。集权性决定了政府成为研究生培养质量评价的唯一主体，政府在评估中占主导地位，采用一元化的评估模式。政府通过控制拨款、文凭颁发和鉴定、教师与行政管理人员的任命及课程设置等手段来保障研究生培养质量。20世纪七八十年代后，法国教育委员会提出"构建欧洲高等教育模式"的改革方案，开始构建由政府、高校和社会三者共同组成的质量保障体系，共同承担研究生培养质量评价与评估。

国内研究方面，赵立莹等总结有关研究后认为，影响研究生培养效果的主要因素为专业领域与规模、招生方式与毕业要求、经济资助类型、导师指导方式、入学动机与思维方式等[1]；学者梁桂芝、王战军分别对学位与研究生教育评估进行了较为系统和全面的研究论述，并对学位与研究生教育评价的具体方法和操作技术方面等问题进行了重点探讨，但他们的研究更侧重于评价方法、评价技术等实践问题[2]；张东海和陈曦运用自编问卷对我国36所设立了研究生院的高校2009年招收的全日制专业学位研究生进行了抽样调查，其研究结果表明：学生对专业学位的认同度不高，培养环节尚未充分体现专业学位教育的特点，课堂教学过程与导师有针对性的指导等因素显著影响研究生的培养质量和就读收获[3]；此外，王碧云、邱均平等学者还针对我国69所高校的硕士研究生指导教师进行了调查，试图从研究生指导教师这个角度对研究生培养质量的影响因素进行研究[4]。

总的来说，研究生培养效果与质量问题研究主要包括学术、效益、就业、

---

[1] 赵立莹，司晓宏. 国际化背景下高等教育质量保障发展趋势及中国选择[J]. 高等教育研究，2015(6).

[2] 梁桂芝. 学位与研究生教育评估的探索与实践[J]. 学位与研究生教育，1991(4)；王战军. 构建质量保障体系 提高研究生教育质量[J]. 研究生教育研究，2011(1).

[3] 张东海，陈曦. 研究型大学全日制专业学位研究生培养状况调查研究[J]. 高等教育研究，2011(2).

[4] 王碧云，邱均平，张维佳，等. 硕士研究生教育质量调查分析：对全国69所高校硕士生导师调查[J]. 大学教育科学，2009(5).

过程、效果等多重分析视角。其中，学术视角侧重于评价研究生的学术生产力、学位论文的原创性和知识贡献度，强调对学位论文和科研成果的评价与考核；效益视角侧重于评价研究生培养的效果，强调对毕业率、就业率、修业年限、投入与产出的评价与测量；过程视角侧重于从培养过程环节评价研究生培养质量，强调培养过程之间的内部一致性和零缺陷；就业视角侧重于适应人才市场和社会需求的评价，强调研究生的就业能力、可迁移能力和职业胜任力。在实际评价中，评价者往往会同时采用两种及以上的分析视角。例如，《中国博士质量报告》强调其报告秉持的是在坚持思想道德要求的前提下，以学术为基准、兼顾其他的全面质量观。

四、研究生教育质量评价相关研究

（一）研究生教育质量评价的实践与探索

美国教育委员会（American Council on Education）在 1963 年专门成立高等教育计划与目标委员会，分学科展开全国性的研究生教育质量调查，并在 1965 年出版了《研究生教育质量评估》调查报告。美国研究生院理事会的成立标志着美国硕士研究生教育质量评价体系构建的开端。其后，硕士研究生教育质量评价机构不断涌现。此外，社会排行榜与私立评价机构也成为美国硕士研究生教育质量评价体系的重要组成部分，如罗斯（Rose）和安德森（Anderson）的"硕士研究生专业排名"排行榜、《美国新闻与世界报道》的"US News 世界大学排名"、哥曼报告等。截至 2013 年，美国有近 60 个学科、70 余个专业认证机构、11 所全国认证机构负责对高校有关专业或一些专业性院校或单科院校进行鉴定。此外，有 6 个地区院校协会、众多的民间或私人团体参与到高等教育每年的分类与排名中。尽管美国政府不直接参与研究生教育质量评价与评估，但通过社会的、非官方的、专门的、全国性的庞大的质量评价机构与组织体系，确保了硕士研究生教育质量水平。联邦政府主要对研究生教育质量评价机构资格进行鉴定与审查，州政府也不直接参与研究生教育质量评价。事实上，社会力量已成为美国研究生教育质量评价与评估的主导者。

英国研究生教育质量评价经过了从自我评估走向外部机构评价的历程。英国早期研究生教育规模小，社会对其需求不大，加之高校传统的自治性，研究生教育质量往往被政府和社会所忽视。高校的"内审式"自我评价成为早期的主要评价方式，高校在评价中扮演主体角色。第二次世界大战后，英国研究生教育规模不断扩大，质量要求日趋严格，研究生教育质量外部评价机构随之出现。20世纪80年代后，高等教育的大众化促使研究生质量评价主体趋于多元化，如：1992年成立高等教育质量保证委员会（HEQC），对研究生的教育质量进行统一的审核和认证；1996年成立高等教育质量合作规划小组，履行对高等教育质量保证的责任；1997年，高等教育质量保障署（QAA）成立，与原来的高等教育基金委员会（HEFC）共同负责英国研究生教育的质量保证工作。此外，科研组织与机构如科学与工程研究委员会、医学研究委员会、自然环境研究委员会等在硕士研究生教育质量评价中也发挥着重要作用。

就国内而言，在研究生教育质量指数构建的前期探索方面，王战军等在2012年提出院校层次研究生教育质量指数的基础上，又借鉴了国内外关于发展指数、质量指数的研究成果，于2016年在《中国研究生教育质量年度报告（2016）》中首次提出并构建了国家层面的研究生教育质量指数（graduate education quality index，GEQI），以反映不同时期研究生教育质量的变动方向和变动程度。该指数包括规模结构、资源支撑、培养过程、对创新型国家建设贡献度、国际化等 5 个维度,以及 8 项观测指标。作为前期探索性研究,报告中只计算了 8 项观测指标的分值,未赋权合成总的质量指数[①];王战军等在《中国研究生教育质量年度报告(2017)》中对该指数进行了改进,调整为 7 项观测指标,并通过各项观测指标的算术平均合成总指数,得到研究生教育质量指数为 106.1[②]。张小波基于 8 项投入指标(包括导师、创新人才等人力资源,生均教育经费和科研经费等财力资源,科研仪器及图书等物力资源)、4 项产出指标(包括论文数、自然科学和社会科学的应用成果等)制定了研究生教育质量效率指数,对 34 所高校的实证分析表明,研究生教育质量效率整体偏低[③]。石磊从办学条件资源条件、人才培养和科研产出、声誉和影响力等三个方面着手,构建了包含三级指标体系的综合类大学研究生教育质量评价体系[④];周正嵩、孙月娟基于 SERVQUAL 模型构建了包含 29 个指标的研究生教育质量评价指标体系,并通过一个案例展示如何应用动态模糊评价法对该指标体系进行评估[⑤];刘平、顾丽琴、吴旭舟借鉴"全面质量改善的开放系统方法"的思想从投入、培养过程和教育产出三方面对研究生教育质量展开评价,评价体系框架由 4 个目标层(生源素质、培养条件、教育管理、培养结

---

① 研究生教育质量报告编研组.中国研究生教育质量年度报告:2016 [M].北京:中国科学技术出版社,2016.
② 研究生教育质量报告编研组.中国研究生教育质量年度报告:2017 [M].北京:中国科学技术出版社,2017.
③ 张小波.基于综合评价的研究生教育质量效率指数研究:对"985 工程"一期 34 所高校的实证分析 [J].中国高教研究,2013(9).
④ 石磊.研究生教育质量评价与质量保障体系研究 [D].合肥:中国科学技术大学,2010.
⑤ 周正嵩,孙月娟.基于 SERVQUAL 模型的研究生教育服务质量评价研究 [J].学位与研究生教育,2010(12).

果)、10个准则层、39个指标层组成[①]。

(二)研究生教育质量评价研究述评

总的来说,国内外学界对于研究生教育质量评价相关的问题进行了一定的研究与探索,为本研究提供了良好的文献基础。这些研究文献和实际探索给本研究带来以下四点启示:

第一,持续开展有研究生主体参与的大规模、周期性调查已成趋势。纵观近年来各发达国家的研究生教育质量评价发展,不难发现,基于大型调查的实证数据分析和倾听研究生主体声音、从研究生的视角评估教育质量已经成为一种发展趋势。在研究生教育质量评估过程中倾听研究生主体的声音,强调了以学生为中心、以学习与发展为中心的评估理念,在关注教育结果的同时更突出了教育过程为研究生带来的收获。特别是通过对其毕业后的职业生涯发展情况的调查,更能准确捕捉研究生教育的社会需求,而这一直是最难以把握的部分。而针对长期积累、科学采集的数据资料,运用科学的统计方法手段加以研究,可以全面系统地分析、并从不同维度展示研究生教育质量,为研究生教育相关研究和政策决策提供依据。

第二,针对不同学位类型、不同层次研究生的培养特点,开发具有适用性的调查工具和评估方法。从美国 US. News 的研究生院排名到英国的研究生研究经历调查(PRES)、研究生教学经历调查(PTES)两项研究生体验调查,都反映了研究生教育质量评价方法和理念的日臻成熟,评价的科学性与合理性不断发展。不同学位类型的研究生教育目标、内容和手段不同,其教育质

---

① 刘平,顾丽琴,吴旭舟.研究生培养质量评价指标体系的构建研究[J].研究生教育研究,2011(5).

量的衡量标准自然不能一概而论，而不同领域的知识发展范式本就各异，研究生教育质量的评价方法更需要有所区分。

第三，积极发挥第三方组织评估的力量。从国外的研究生教育质量评估实践来看，外部的第三方组织已成为不可或缺的评估力量，且社会传播度和认可度也更高。积极发挥第三方组织评估的作用，既是对管办评分离的实践，也使得国家常态检测研究生教育质量的需要、研究生教育机构工作诊断与改进的需要、社会知情与问责的需要得到必要的回应。

第四，加强调查结果的应用和推广，树立我国研究生教育质量评价的品牌。以往我国也实施了数次研究生教育质量相关调查项目，然而由于部分调查范围有限、调查没能持续进行，或者调查结果仅在研究生教育的有关范围内公开，导致目前我国尚未建立起有广泛社会影响力的研究生教育质量评估项目。因此有必要加强调查结果的应用、推广和宣传，树立起研究生教育质量评估项目的品牌，为国家、院校、学生和社会了解研究生教育质量提供参考，也为世界了解我国的研究生教育情况打开窗口。

五、研究生教育发展评价相关研究

根据目前掌握的文献资料，国内外少见对高校研究生教育发展指数开展专门研究，与之密切相关的高校研究生教育发展研究和评价同样比较少见。

（一）发展理论评述

发展作为国家策略和理论研究的重要议题，已逐步成为一个日趋活跃、主题明确的跨学科研究领域，是组织与个人作为证明自己存在的前提，而对发展的不同理解成为组织与个人行为发展的思想基础。《辞海》将"发展"定义为"事物由小到大、由简到繁、由低级到高级、由旧质到新质的上升的变化过程"。国外《社会科学百科全书》指出，发展研究"集中于分析和解决发展问题，特别是人们所说的贫困发展中国家所面临的那些困难。以这种方式组在一起的这类学科包括经济学、地理学、政治科学、公共管理、社会学和人类学等"。由此可知发展是一个颇具复杂性、多重性与模糊性的概念，在不同的学科和研究领域具有不同的规定性，很难有统一而公认的界定。

从当代发展理论的演变过程来看，发展理论先后经历了经济增长发展理论、社会综合发展理论、人的发展理论等过程。19世纪的经济增长发展理论，从古典政治经济学、殖民经济和后发国家问题视角出发，认为发展是进取、赶超和工业化，发展等同于增长。在《经济增长理论》中，阿瑟·刘易斯认为"经济增长的理由是它使人类具有控制自己环境的更大能力，因此增加了人类的自由"[1]。尤其是发展中国家将发展的首要目标定位为经济增长，而且将国内生产总值的增长作为经济发展的标准。发展中国家依据后发优势，也就是根据发达国家经验，加速发展工业，使得工业化成为实现经济增长的重要方式。在实现工业化的道路上，加速资本形成起着关键作用，罗斯托在提出的经济成长阶段论中阐明了"有效的投资率和储蓄率可能从大约占国民收入的5%提高到10%以上"，但是将发展定义为盲目地追求经济增长，可能会造成过度的资源消耗和环境破坏。20世纪初到20世纪中叶这一阶段，发展不再是单纯的经济增长，如托达罗认为"发展不纯粹是一个经济现象，从最终意义上说，发展不仅包括人民生活的物质和经济，还包括其他更广泛的方面。

---

[1] 刘易斯.经济增长理论[M].北京：商务印书馆，1996：459.

因此应该把发展视为整个经济和社会体制的重组和重整的多维过程"[1]。所以这里的发展是指整个社会的变革，也就是现代化过程。这一发展理论集中体现在第二次世界大战后的后发展国家，针对其人口增长过快导致大量劳动力闲置和生产效率低下等现象，单一的经济增长已经不能解决发展问题，后发展国家想要实现快速发展，必须同时考虑社会文化要素的内生作用。弗朗索瓦·佩鲁认为"经济体系总是沉浸于文化环境的汪洋大海之中，在这种文化环境里，每个人都遵守自己所属群体规则、习俗和行为模式，尽管未必完全为这些东西所决定"[2]。

20世纪60年代，发展理论被称为社会综合发展理论，主要是反对单一的经济增长，而将经济增长、政治民主、科技水平提高、文化价值观和社会转型等多方面因素综合作用的过程视为发展。社会综合发展理论提出发展是社会整体结构变迁的过程，且注重内部经济、政治和文化因素的相互作用，强调发展的综合性和内生性。但社会综合发展过于强调综合结构变化，而忽略了发展的根本动力"人"这一要素。同时，社会综合发展理论强调内在状态，而忽略了代际问题和可持续发展问题，由此产生了一系列的环境问题。

20世纪70年代，在发展理论演变的过程中，人的发展或人类的繁荣开始被重视，诞生了人的发展理论。在人的发展理论中，人的能力和人的选择被扩大，并且人的发展被看作最终的目的，也就是将人的基本需求得以满足、人的能力全面发展和完整性的呈现视为发展的核心。佩鲁认为应"将人的活动和发展作为发展的核心，强调满足人的发展需要是社会发展的根本目标"[3]。人在社会发展中的作用是作为发展动力和手段而存在的。这种理论

---

[1] 托达罗. 经济发展与第三世界 [M]. 北京：中国经济出版社，1992：50.
[2][3] 佩鲁. 新发展观 [M]. 北京：华夏出版社，1987：19.

演变缘于20世纪80年代后"知识经济"崛起，知识经济社会对传统经济增长方式提出的挑战。知识经济的出现使得经济增长不再单一地依靠物质资本，知识资源的占有和技术的进步成为刺激经济发展的方式，知识就是发展。而人作为知识的主要生产者和使用者，人的技能提升成为知识经济社会发展的先决条件，也是发展的根本动力。约翰·奈斯比特认为"个人作为构成社会的基础和推动变革的基本要素而获得新的尊重"[①]。

20世纪90年代后，发展代价问题引起广泛关注。罗马俱乐部解释了一系列全球发展过程中出现的问题和困境，并指出只追求发展实践所带来的问题和机遇是相等的[②]。发展不能直接与社会进步画等号，伴随发展过程的应是进步、代价和问题，发展可以带来社会进步，但也伴随着一系列的社会问题。人类社会的发展是以人为主体的，即由人所拥有的新观念、新思维和新行为决定的，而人的学习是造就这一系列"新"的有效途径。所以，人的发展是通过学习实现的，学习化社会建设是发展目标"结构改革"的必然要求。

在不同时期、不同理论视角下，发展的含义不同。表1-1显示了发展理论演变的时间脉络。

表1-1　发展理论演变的时间脉络

时期	理论视角	发展的含义
19世纪	古典政治经济学	进取，赶超
19世纪50年代	殖民经济理论	资源管理，托管
19世纪70年代	后发展国家理论	工业化，赶超
20世纪40年代	发展经济学	经济增长－工业化

---

① 奈斯比特，阿伯丁. 90年代世界发展10大趋势[M]. 北京：中国经济出版社，1991：320.
② 米都斯，等. 增长的极限[M]. 长春：吉林人民出版社，1997.

续表

时期	理论视角	发展的含义
20世纪50年代	现代化理论	增长，政治和社会现代化
20世纪60年代	依附理论	面向国家/个体的积累
20世纪70年代	替代发展理论	人类繁荣
20世纪80年代	人的发展理论	能力，人的选择的扩大
	新自由主义	经济增长-结构改革，放松管制，自由化，私有化
20世纪90年代	后发展理论	威权式管理，灾难
21世纪初	新千年发展目标	结构改革

（二）研究生教育发展指数相关研究

美国国家科学基金会（National Science Foundation, NSF）发布的《研究生教育投资战略框架2016—2020》指出，研究生教育在推进国家科学、工程研究中起核心作用。研究生教育是教育强国的制高点，高质量人才是教育强国发展的重要支撑。随着知识经济的快速发展，研究生教育在促进技术进步方面作出了重要贡献，是推动知识创新和经济发展的内在力量。

目前有关教育发展指数的国内外研究主要包括两个方面。一是通过构建核心指标评价体系，系统性地展现某一国家或地区各级各类教育的发展情况。例如：联合国提出的全民教育发展指数（EFA development index），采用成人扫盲率、初等教育入学率以及小学5年级继续教育的比例等反映各国教育的发展程度[1]；我国长江教育研究院发布的中国教育指数，采用毛入学率、经费投入等多项指标测量教育发展的充分性、创新性及可持续发展能力[2]。二是聚

---

[1] The education for all development index [EB/OL]. (2018-08-24). https://en.unesco.org/gem-report/sites/gem-report/files/2015Report_EDI2012_Annex.pdf,2017-05-17/2018/08-24.

[2] 张炜，周洪宇. 中国教育指数（2019年版）[J]. 宁波大学学报（教育科学版），2019(3).

焦于某一教育特征，对反映教育的规模、质量、公平等维度的具体指数进行研究[①]。研究生教育作为高等教育的一部分，其发展状况的评价应在高等教育发展内涵的基础上，综合考虑诸如数量界限、质量标准、结构模式、经费效益以及研究生教育与经济社会发展的互动规律等维度内容。

[①] 翟博.教育均衡发展指数构建及其运用：中国基础教育均衡发展实证分析[J].国家教育行政学院学报，2007(11)；詹正茂.我国高等教育发展水平的综合评价指数研究[J].科学学与科学技术管理，2004(9)；武建鑫.高等教育研究指数的构建与运用：基于文献计量学的实证分析[J].中国高教研究，2016(7).

第二章　研究生教育指数理论研究

第一节　研究生培养质量指数

研究生培养质量指数是综合反映由多种因素组成的研究生培养质量在不同时间和空间条件下平均变动的相对数，是运用指数法对研究生培养质量进行监测与评估的手段和工具。研究生培养质量是一个综合性概念，既包括培养体系质量，也包括研究生个体质量，是个体质量和培养体系质量的统一；也是一个多层面概念，包括研究生个体质量、学位授权点质量、培养单位质量、区域研究生培养质量、国家研究生培养质量以及国际研究生培养质量。研究生培养质量不仅要关注具体的技术标准、教学要素投入，以及过程监控体系建设，更应关注培养目标设计的科学性、培养模式选择的合理性，从目标设计、模式选择、过程监控和结果输出等方面整体考察学校的人才培养质量。

一、研究生培养质量指数的内涵

1. 研究生培养是研究生教育的首要职能和本质属性

立德树人是教育的根本任务。在人才培养、科学研究和社会服务三大基本职能中，人才培养是大学的首要职能和本质属性。研究生教育是大学教育的高级阶段，顾名思义，研究生培养是研究生教育的首要职能和本质属性。习近平总书记在北京大学师生座谈会上指出："学生在大学里学什么、能学到什么、学得怎么样，同大学人才培养体系密切相关。……关键是要形成更高水平的人才培养体系。"因而，提高人才培养质量的关键在于形成更高水平的人才培养体系。习近平总书记进一步指出，"人才培养体系涉及学科体系、教学体系、教材体系、管理体系等，而贯通其中的是思想政治工作体系"。在2018年全国教育大会上，习近平总书记强调："要努力构建德智体美劳全面培养的教育体系，形成更高水平的人才培养体系。要把立德树人融入思想道德教育、文化知识教育、社会实践教育各环节，贯穿基础教育、职业教育、高等教育各领域，学科体系、教学体系、教材体系、管理体系要围绕这个目标来设计，教师要围绕这个目标来教，学生要围绕这个目标来学。"研究生培养质量的研究、讨论和评价要围绕立德树人和研究生培养体系来展开。同时，从世界范围来看，近年来国家质量评估发展的趋势是重点考察高等教育机构的教育职能[①]。因而，聚焦研究生培养，也符合研究生教育质量评估的国际趋势。

2. 研究生培养质量是检验研究生教育成效的根本标准

"质量"这个词源于拉丁文 qualis，意为"某一种的"。英国学者戴安

---

① 布伦南. 高等教育质量管理：一个关于高等院校评估和改革的国际性观点[M]. 上海：华东师范大学出版社，2005.

娜·格林（Diana Green）指出："虽然人们能够对质量有一种直觉上的理解，但却难以清楚表达。"[①] 她将质量观总结归纳为六种类型，分别是传统的质量观、标准的质量观、目的的质量观、实现办学目标有效性的质量观、顾客满意的质量观、多样化的质量观[②]。1998年，联合国教科文组织第一次世界高等教育大会公报《面向21世纪高等教育宣言：观念与行动（草案）》就明确指出，"高等教育质量是一个多角度的概念，它应包含其所有的功能和活动：教学和学术活动，研究、奖学金、队伍建设、学生、基础设施，社区服务和学术环境"。美国高等教育认证委员会（CHEA）对教育质量的定义为，"适切于目的"（fitness for purpose），或者符合普遍公认的由鉴定或质量保障机构定义的标准。不同学者和机构的质量观或许不尽相同，但在以培养质量来检验和衡量教育质量这一点上，则相对容易达成共识。

二、研究生培养质量指数的内外部关系

（一）研究生培养质量指数构建的外部关系

1. 指数与评估的关系

通常，人们用"质量评估"（quality assessment）、质量评价（quality evaluation）、质量检查（quality review）、质量审核（quality audit）等概念，来描述对高等教育质量的判断和衡量的过程；用"质量管理"（quality management）、质量保证（quality assurance）、质量控制（quality control）等

---

① GREEN D. What is quality in higher education?[M]. Bristol:SRHE and Open University Press, 1994: 12.
② 赵文辉. 高校教学质量保障问题研究 [M]. 北京：中国人民公安大学出版社，2009.

概念，来描述对高等教育质量的判断、决策和行动的整个过程[①]。在美国有多种高等教育质量评估和保证的方法，按出现的先后顺序来看，主要有认证、大学排名和分等、跟踪研究（follow-up studies）、职业资格证授予、学术项目审计、结果研究、全面质量管理等[②]。这些方法各具优点和局限性。目前，我国大学评价主要有四种类型，包括政府开展的评估、认证、督导、检查，社会组织或第三方开展的各种大学排行榜，高校自愿接受或委托国际组织开展的评估和认证，高校内部质量保障机制。评估是我国现有研究生教育质量监督与评价的主要方法，主要有合格性质的评估与水平性质的评估两类，为我国研究生教育质量的把控与发展发挥了重要作用。指数与评估是相互补充的两种不同的监测方法。首先，从评价观测点来看，指数是对某一具体客观现象进行监测（比如培养质量），评估是对一个学科点的全面监测（比如学科评估）。但以辩证的视角审视，从两者发挥的功效单元来看，指数面向的单元是全国整体（需要进行区域、高校、学科的逐层分析），评估面向的单元是学科点、高校。

2. 稳定与动态的关系

指数的构成要素框架必须保持长时期持续稳定，这是由指数的本质决定的。一方面，作为反映质量动态变化的相对数，指数内隐的可比性必然要求指数要素的长期稳定，即使随着时代变迁会有部分微调，但是核心框架内容必须稳定；另一方面，指数监测的质量是动态变化的，指数呈现的结果也是动态变化的。以不变的内核动态反映事物的客观变化，指数研究必须先认识

---

① 布伦南. 高等教育质量管理：一个关于高等院校评估和改革的国际性观点[M]. 上海：华东师范大学出版社，2005.

② 博格. 高等教育中的质量与问责[M]. 北京：北京师范大学出版社，2008.

到这对关系的辩证统一。

3. 监测与诊断的关系

指数功能定位问题是本研究的关键。处理好监测与诊断的关系，实际上是处理好指数与现有评价模式功能上的互补关系。首先，指数作为反映研究生培养质量的一种测量方式，其首要目的就是实现对质量的监测，因此监测功能是第一位的。其次，任何一项评价都具有一定的诊断功能，但是诊断的对象、范围、深度却是不一的，指数的诊断功能具体体现在哪个层面需要深入研究才能明确。研究生培养质量指数所应发挥的功能，整体判断功能是第一位的，诊断功能是第二位的。

（二）研究生培养质量指数构建的内在挑战

1. 评价理念的创新

发展和创新研究生培养质量评价的理念、理论和范式。目前，高等教育评价的基础理论还相对薄弱。常见的各种评估、评价和排行榜大多缺乏充足的学理支持，缺乏逻辑自洽的理论框架体系。商业化的评价主体往往因陋就简，随意选取便于测量的指标或数据进行分析和测评，试图以小见大，而忽视评价体系的信度、效度问题。本研究将正视质量评价的理论研究，希望在经验总结、学理分析的基础上，总结提炼出中国特色的研究生培养质量评价理论和研究范式。

2. 指数构建的突破

厘清研究生培养质量的核心内涵，在概念共识基础上探讨培养质量指数。目前将"研究生培养质量"作为一个学术概念专门加以探讨的研究并不多，绝大多数文献在使用这一概念时有相当的随意性。从质量的主体意义上来说，学界存在个体的、机构的、整体的研究生培养质量的多重理解。部分研究者倾向于从个体的视角去认识和分析教育质量，但不得不将个体质量"加总"来回答总体质量如何的问题。目前学界已经发展出"外部质量、内部质量""绝对质量、相对质量""培养质量、发展质量"等概念，并将研究生培养质量指标细分为科研能力、学术道德等加以考察。本研究希望在厘清研究生培养质量的核心内涵、概念的基础上探讨指数。

3. 数据获取的方式

整合多方数据资源，建立中国研究生培养质量数据库。开展研究生培养质量评价的重要前提是获取可测量的作为评价研究生培养质量的关键数据。质量指数数据的采集，需要突破数据来源的局限与约束。由于历史、机制和管理等诸多原因，有关研究生培养质量的核心数据分布在各个部门。如何利用信息技术手段，畅通研究生培养质量数据获取渠道，建立科学有效的数据采集和协同联动机制是本研究面临的挑战。我们将基于大数据、云计算和人工智能等新技术搭建中国研究生培养质量数据平台，整合多方数据资源，持续、稳定、及时地获取能够反映研究生培养质量的关键数据，为实时监测研究生培养质量提供数据支撑。

4. 评价共识的形成

目前从区域层面构建研究生教育质量指数，国内还鲜见相关研究成果，从这个角度上讲，本研究具有首创意义，这也意味着达成评价共识的难度加大。首先，质量指数是个新生事物，新生事物具有不完美性，需要人们的理解和包容。俗话说，"始生之物，其形必丑"。人们对新生事物的接受和认可需要有个过程。其次，质量指数理论框架的提出和确立，是寻求各方认识最大公约数的过程。在这个过程中，需要专家学者和各利益相关方共同参与、共同商讨、共同构建，逐步凝聚共识。比如人们所熟知的国内生产总值（GDP），在过去50年来已制定了衡量GDP的理论和统计框架，目前主要国际组织正在修订1993年的国民经济核算体系。然而，并非所有的多维概念都有如此坚实的理论和经验基础。新兴政策领域的复合指数，如竞争力、可持续发展指数等，可能非常主观，因为这些领域的经济研究仍在进行中[①]。因而，达成评价共识，共商共建共享至关重要，指数研制过程的透明度也至关重要。

5. 指标权重的确立

指标权重的调整和变化，会对质量指数结果产生显著影响。权重确立的方法主要有两种，一是基于统计模型来确定权重，具体的统计分析技术又有多种；二是依据专家参与式方法来确定权重。无论采用哪种方法，权重在本质上都是价值判断。大多数复合指数采用了等权重方法，在任何情况下，相等的权重并不意味着"没有权重"。为了克服权重选择方式带来的不利影响，本研究将采取多种权重分配方式进行模拟测算，然后对指数结果进行综合比较，并最终确定满意的方案。

三、研究生培养质量指数的构建

（一）研究生培养质量指数构建的策略和路径

1. 研究生培养质量指数构建的策略

从功能角度来看，指数具有监测、导向、评价、比较、诊断和改进等多种功能。当然，这些功能在每种指数上的体现程度不同，有些指数强调单一

[①] OECD. Handbook on constructing composite indicators: methodology and user guide[EB/OL]. (2008-09-12). www.oecd.org/publishing.

功能，比如仅用于监测，有些指数则更加强调诊断和改进功能。一般情况下，指数如果要发挥改进功能，其指标体系则会更复杂。从理论上来讲，指数的指标体系可简可繁；从实践上来看，指数的指标体系有简有繁。比如，恩格尔系数仅使用一个指标，人类发展指数也只使用少数几个指标，而瑞士洛桑国际管理学院研制的世界竞争力指数，则包含硬指标和软指标共340多个。

本研究构建的研究生培养质量指数是一个指数体系，它包括微观层面的个体质量指数、中观层面的地区质量指数和宏观层面的国家质量指数。国内已有一些研究做出了前期探索，比如，翟亚军等以"985工程"高校为对象，构建了个体层面的研究生教育质量指数[①]。王战军等从国家层面构建了研究生教育质量指数，测算出2017年我国研究生教育质量指数得分为86[②]。王传毅等构建了中美英等6国的研究生教育质量指数[③]。结合我国当前教育评价改革实际情况，我们在研究策略上采取先中观、再宏观、后微观的技术路径，即先构建地区质量指数，然后构建国家质量指数，最后构建个体质量指数。在指数功能的选择上，地区研究生教育质量指数将侧重于监测功能、导向功能，淡化评估功能，尽量兼顾诊断和改进功能。在指标体系的建构上，也尽量做到体量适中、结构合理、意义明确、测量准确。

2.研究生培养质量指数构建的途径

研究生培养质量指数构建有两种途径，一种是直接构建法，即以国家为基本分析单位，依据理论框架，选取国家总量数据计算而成；另一种是自下而上构建法，即首先构建个体层面的质量指数，然后将个体质量指数依据一

---

① 翟亚军，王战军，彭方雁.研究生教育质量的指数测度方法：对"985工程"一期教育部直属高校的实证分析[J].教育研究，2012(2).
② 王战军，唐广军.研究生教育质量指数构建研究[J].学位与研究生教育，2017(12).
③ 王传毅，徐冶琼，程哲.研究生教育质量指数：构建与应用[J].学位与研究生教育，2018(12).

定规则直接合成国家质量指数,或者分步合成国家质量指数,即首先合成地区质量指数,再由地区质量指数合成国家质量指数。运用自下而上途径构建国家质量指数,需要满足一个前提条件,就是国家、地区和个体三个层面的质量指数采用相同的理论框架。这在多数情况下切实可行,但还需要依据指数构建目的而定。倘若国家质量指数构建是为了进行国家之间的国际比较,这时选择直接构建法较为合适,因为各国国情不同,统计指标口径各异,如果采用自下而上构建法,一是将面临指标数据收集的困难,二是将面临理论框架适用性的困难。

(二)研究生培养质量评价的国际经验

随着研究生培养规模的急剧扩大,世界各国都在思考研究生教育的"价值与意义、规模与质量"等核心议题。美国国家科学院全国研究委员会(NRC)先后于1982年、1993年、2007年组织实施了三轮博士生教育质量评估,主要从科研活动与产出、学校投入与保障、学术环境与多样性等方面考察博士生培养质量。英国教育部自2015年主导实施的教学卓越框架(TEF),聚焦教学质量、学习环境、学习成效等要素,采用定性和定量相结合的方法评价高校教学质量。澳大利亚教育研究委员会(ACER)则从学生视角开展研究生学习投入调查(PSEQ)和研究生科研体验调查(PREQ),重点考察研究生对学业挑战、增值性体验、校园环境等的主观感受与评价。此外,德国、法国、日本、挪威、巴西等国都在开展博士生人才追踪调查,通过历时性分析发现博士生教育和就业的趋势和问题,对博士生教育的质量进行科学、有效的评估[1]。

---

[1] 李睿婕,赵延东.建议开展全国博士毕业生就业状况普查及追踪调查[J].科技中国,2018(10).

研究生教育质量评价有学术、效益、就业等多重视角[①]。学术视角侧重于评价研究生的学术生产力、学位论文的原创性和知识贡献度，强调对学位论文和科研成果的评价与考核。效益视角侧重于研究生培养的效果，强调对毕业率、就业率、修业年限、投入与产出的评价与测量。过程视角侧重于从培养过程环节评价研究生培养质量，强调培养过程中的内部一致性和零缺陷。就业视角侧重于适应人才市场和社会需求，强调研究生的就业能力、可迁移能力和职业胜任力。在实际评估中，评估者往往会同时采用至少两种分析视角。例如，由北京大学课题组主持的《中国博士质量报告》强调在坚持思想道德要求的前提下，以学术标准为主，兼顾其他要求，树立全面质量观。

第二节　研究生教育质量指数

2018年，习近平总书记在全国教育大会上指出："健全立德树人落实机制，扭转不科学的教育评价导向。"当前，我国研究生教育质量保障体系基本完备，形成了学校自我评估、政府合格评估、第三方水平评估相结合的教育评价模式。而相对于传统的评估而言，指数是一种行之有效、快速反应、易于操作的评价工具，其评估视角与传统评估有所差异，更倾向于反映对象的发展规律及变化趋势。构建研究生教育质量指数旨在通过指数形式定期挖掘我国研究生教育质量潜在的发展规律，剖析研究生教育质量受各个相关要素变动的影响程度。通过构建研究生教育质量指数，可以引导研究生教育内涵

---

① 中国博士质量分析课题组. 中国博士质量报告 [M]. 北京：北京大学出版社，2010.

式高质量发展,推动打造结构优化、满足需求、各方资源充分参与的卓越而有灵魂的研究生教育[①]。

一、研究生教育质量指数的研究意义

新时代,以指数形式为载体对研究生教育进行研究,对促进我国高端人才培养,促进科教兴国战略和创新驱动发展战略有着重要意义。

(一)聚焦研究生教育,有助于推动落实创新驱动发展战略

研究生教育是科技第一生产力和人才第一资源的重要结合点,是教育强国的制高点[②]和国家的战略资产[③]。2018年,教育部部长陈宝生在全国"双一流"建设现场推进会上明确指出,"一流研究生教育是一流大学和高等教育强国的重要标志之一,特别是博士生教育集中体现了大学实力水平。博士生作为国家科技创新的生力军,是实施创新驱动发展战略、抢占科技战略制高点的战略资源"。当前,我国研究生教育发展的国际环境发生复杂深刻变化,全球知识创新速度加快,国际科技竞争日益激烈,自主研发关键核心技术的需求日益迫切,研究生教育对国家科技、经济和社会发展的重要性更加凸显。鉴于研究生教育对于实施创新驱动发展战略、建设创新型国家和教育强国的极端重要性,本研究以研究生教育为研究对象,开发研究生教育质量指数评价工具,目的是引导和促进我国研究生教育质量提升,助推我国科技创新和

[①] 陈宝生.推动"双一流"加快建设、特色建设、高质量建设[EB/OL].(2018-09-30).http://www.moe.gov.cn/jyb_xwfb/gzdt_gzdt/moe_1485/201809/t20180930_350535.html.

[②] 洪大用.扎根中国大地加快建设研究生教育强国[J].学位与研究生教育,2019(3).

[③] CGS & ETS. The path forward: the future of graduate education in the United States[EB/OL]. (2018-11-20). www.cgsnet.org.

发展，助力解决我国基础理论研究原创性不足和关键技术受制于人的"卡脖子"问题，最终促进教育、科技和经济社会发展良性互动、有机融合。

（二）立足人才培养，有助于贯彻落实立德树人根本任务

党的十八大报告明确提出"把立德树人作为教育的根本任务"，党的十九大报告进一步强调优先发展教育事业，落实立德树人根本任务。《中国教育现代化2035》提出"全面落实立德树人根本任务"。在北京大学师生座谈会上，习近平总书记明确指出"要把立德树人的成效作为检验学校一切工作的根本标准"。我国研究生教育要实现内涵式高质量发展，必须聚焦人才培养，扭转客观上一定程度存在的"重科研、轻人才培养，重硬件、轻软件，重外延、轻内涵"的不良现象，把人才培养置于研究生教育的中心地位，努力形成更高水平的人才培养体系，着力培养经济社会发展急需的高层次专门人才。研究生教育质量指数将紧紧围绕落实立德树人根本任务，持续开展对研究生培养质量的动态监测与科学评价，从评价角度积极引导各地区、各高校扭转功利主义的价值取向，把立德树人的成效作为评价研究生教育质量的根本标准、核心内容。

（三）采用指数方式，有助于丰富和发展研究生教育评价理论和方法

研究生教育质量指数是用指数的形式来表征研究生教育质量，是反映不同国家、地区、研究生培养单位的研究生教育质量高低与发展变化情况的相对数，不仅丰富了研究生教育评价理论，同时也开阔了研究生教育评价的视野。现有的合格评估（如学位点合格评估）、选优评估（如学科评估）、质量认证（如MBA认证）等，与指数（如研究生教育质量指数）评估一样都是

一种评价方式。不同的评价方式从不同角度、不同层面进行考量，各有优劣，不可相互取代。具体而言，合格评估一般存在一定的标准，保障的是基本质量，主要目的是看参评对象是否合格，评估结果一般是合格、不合格、有条件合格等，在评价指标选取时，一般会将办学的条件资源作为重要指标，如教师数、经费数等。选优评估一般引导争优，主要目的是从参评对象中评出优秀者，结果呈现方式一般是排名或档次，在评价指标选取时，一般会将成效、产出作为重点，而淡化条件资源和过程指标。质量认证的主要目的是考察参评对象办学的方法、举措能否支撑其办学目标，结果呈现方式一般是通过（通常会规定有效年限）、不通过，在评价指标选取时，一般会关注办学过程，类似于对生产线的评价。指数评估是通过数字化的呈现方式，快速、动态、直观地反映参评对象的质量高低，其指标体系一般简洁明了，且指标数据易获取，可动态采集。

（四）倡导"绿色评价"，有助于实时动态监测研究生教育质量

《中国教育现代化2035》指出，要构建教育质量评估监测机制，建立全过程、全方位人才培养质量反馈监控体系。我国现有的研究生教育质量评估工具，大多属于"重量型"工具，其特点是强调评估的综合性，存在评估周期长、评估结果反馈滞后、评估成本高、对高校扰动大等问题，因而有必要倡导"绿色评价"理念，开发一种"新型的、轻量型的、绿色的"评估工具。为此，本书提出构建研究生教育质量指数，尽量采集公共数据，减轻高校填报数据的压力，减少对高校日常办学的干扰，尽量做到"零干扰"。指数通过收集分析典型信息快速生成结果，反映研究生教育质量发展变化趋势，实现对我国不同层面研究生教育质量的实时、动态监测。

二、研究生教育质量指数的内涵

研究生教育质量指数是用指数的形式来表征研究生教育质量，是反映不同国家、地区、单位的研究生教育质量高低与发展变化的相对数。研究生教育质量是一个复杂的概念。通常，人们秉持怎样的教育质量观，就会有相应的教育质量定义。质量的划分也有多种类型，如外部质量与内部质量、绝对质量与相对质量、微观质量与宏观质量、结构质量与系统质量等。本研究坚持系统质量观，综合考虑研究生教育的运行效率、合理性、稳定性、公平性、与其他系统（本科、就业等）的匹配性等要素，同时结合国家宏观教育政策战略导向，从立德树人成效、服务经济社会发展需求、资源保障度和效率三个维度构建研究生教育质量指数。

（一）立德树人成效是研究生教育质量指数的核心命题

党的十八大以来，习近平总书记多次走进大中小学，在与师生座谈时深入阐述了立德树人的重要意义和实施途径。国无德不兴，人无德不立。党的十八大报告明确提出要把立德树人作为教育的根本任务；十八届三中全会明确指出深化教育领域综合改革要以立德树人为导向，全面创新育人模式；十八届五中全会强调提高教育质量总体部署的关键点是全面贯彻党的教育方针，落实立德树人根本任务；十九大报告进一步强调优先发展教育事业，落实立德树人根本任务。《中国教育现代化2035》也提出全面落实立德树人根本任务。特别是在北京大学师生座谈会上，习近平总书记明确指出"要把立德树人的成效作为检验学校一切工作的根本标准"。

我国研究生教育要实现内涵式、高质量发展，就必须聚焦人才培养，把人才培养置于研究生教育各项职能的中心地位，努力形成更高水平的人才培养体系，着力培养国家经济社会发展急需的高层次人才。构建研究生教育质量指数，就是要紧紧围绕落实"立德树人"根本任务，持续开展对研究生培养质量的动态监测与科学评价，从评价角度积极引导研究生培养领域扭转功利主义的价值取向，引导研究生培养单位、研究生教育相关管理部门把立德树人成效作为检验研究生教育工作成效和评价研究生教育质量的根本标准、核心内容。

（二）服务经济社会发展需求是研究生教育质量指数的基本意蕴

研究生教育是高等教育的"神经中枢"[1]，是国家的"一项战略资产"[2]，是教育强国的制高点[3]。教育部原部长陈宝生在"双一流"建设现场推进会上明确指出："一流研究生教育是一流大学和高等教育强国的重要标志之一，特别是博士生教育集中体现了大学实力水平。博士生作为国家科技创新的生力军，是实施创新驱动发展战略、抢占科技战略制高点的战略资源。"研究生教育对于我国经济社会发展的极端重要性由此可见一斑。研究生教育服务于经济社会发展有多种途径和方式。研究生教育通过生产新知识、孕育新思想、发明新科技、创设新制度、弘扬主流文化等方式，为国家和地区经济社会发展做出贡献，为人类命运共同体建设做出贡献。因此，构建研究生教育质量指数，理应将研究生教育对国家和地区经济社会发展的贡献度作为重要内容。研究生教育要立足服务需求，方能主动适应国家现代化建设需要、有效对接国家

---

[1] STIMPSON C R. Graduate education: the nerve center of higher education[G]//LAGEMANN E C, LEWIS H. What is college for? the purpose of higher education. New York: Teachers College, 2012: 132-55.

[2] CGS & ETS. The path forward: the future of graduate education in the United States[EB/OL]. (2018-11-20). www.cgsnet.org.

[3] 洪大用. 扎根中国大地加快建设研究生教育强国[J]. 学位与研究生教育，2019(3).

重大战略、不断优化高层次人才培养结构[①]。

（三）资源保障度和效率是研究生教育质量指数的重要组成部分

在公共部门绩效评估中有"4E"原则，即经济性（economy）、效率性（efficiency）、有效性（effectiveness）和公平性（equity）。研究生教育质量指数作为一项教育政策评估工具，同样需要遵循"4E"原则。立德树人和服务需求两个方面，主要侧重于研究生教育的产出质量和有效性。为了保障研究生教育质量指数的全面性、科学性和合理性，构建指数时，在侧重于有效性目标的同时，也将适当兼顾到其他三个目标，即经济性、效率性、公平性。因此，研究生教育的资源保障度、资源使用效率等因素，也是研究生教育质量指数的重要组成部分。

三、研究生教育质量指数的构建

（一）构建研究生教育质量指数的基本原则

"质量和贡献"是我国研究生教育评价的核心问题。在我国研究生教育培养过程中，需要及时掌握研究生教育的自身状况和发展水平。编制研究生教育质量指数旨在通过量化的评价指标体系来全面、准确、客观地了解研究生教育质量发展的规律和趋势，及时反映、监测、预警研究生教育质量和水平的变化。构建研究生教育质量指数的基本原则如下：

（1）导向性。研究生教育质量指数构建要积极贯彻落实习近平总书记关

---

① 黄宝印，王顶明.继往开来，坚定自信，促进研究生教育高质量发展：纪念研究生教育恢复招生40周年[J].研究生教育研究，2019(1).

于教育的重要论述和全国教育大会精神，准确把握立德树人核心要义，将研究生教育对实施创新驱动发展战略、建设创新型国家的积极贡献作为评价重点，客观呈现研究生教育对国家和地区经济高质量发展的人才与智力支撑，引导我国研究生教育质量提升，实现内涵式发展和高质量发展。

（2）科学性。研究生教育质量指数的指标选取要建立在科学的基础上，选取能有效刻画指数内涵与体现核心要素的关键指标，同时在指标权重的确定、测算方法的选择等方面也要经过比较与科学论证，确保指数研制过程的科学性。

（3）简洁性。有些指数的指标体系庞大复杂，全面性有余，简洁性不足。研究生教育质量指数倾向采用小而精、较简洁的指标体系，避免大而全的指标体系，这有助于减少数据采集工作量，便于指数快速生成，利于指数实时监测。

（4）可操作性。指标的设计既要考虑数据来源的可靠性、数据采集的难度和可行性，又要考虑测算方法的简便性，对指数结果可以进行重复验证，要综合考虑指数研制各环节的可操作性。

（5）稳定性。研究生教育质量指数的指标体系、指标定义和指数算法等，在一定时期内要保持相对稳定，不轻易增减调整指标、变换算法，确保指数呈现结果的连续性、可对比性，有利于指数反映发展动态与趋势。

（二）构建研究生教育质量指数的主要模式

指数发源于物价指数[①]，指数经历了从物价指数到相对数、从时间指数到空间指数、从经济指数到社会指数、从简单指数到复杂指数等发展变化。早

---

① 徐国祥. 统计指数理论及应用 [M]. 2 版. 北京：中国统计出版社，2009.

期的指数广泛应用于经济领域，如常见的显示股市行情的股票价格指数、说明市场价格波动及影响居民生活的居民消费价格指数、反映经济变化趋势的采购经理指数、反映商品零售价变动趋势的商品零售价格指数等。20世纪60年代，欧美国家形成了大规模的社会指数运动[1]，由此催生了众多社会指数，如人类发展指数、全球竞争力指数、全球创新指数、顾客满意度指数、幸福生活指数、交通拥堵指数等。1990年，联合国开发计划署发布《人类发展报告》，首创人类发展指数并提出教育指数，进而引发了国际社会对教育指数的关注和研究，产生了全民教育发展指数、中国教育指数、中国教育发展指数、全国高等教育满意度指数等教育类指数。综观已有的各种指数，其构建方法可归为三类，分别是基于纵向比较构建的指数、基于横向比较构建的指数、基于基准比较构建的指数。

1. 基于纵向比较构建的指数

经济类指数常使用该方法，以股价指数、波罗的海干散货指数和居民消费价格指数为典型代表。该方法的特点有：一是主要从纵向比较评价对象在不同时间（时期或时点）的变化情况，以反映评价对象在时间上的变化过程和变化程度为目的；用实时数据与历史数据作对比，利用相对值反映变化趋势，为社会提供关于经济现象变化的描述和解释。二是所采集的数据多为客观实时数据，且多数属于时间序列。按数据采用的基期不同，可分为定基指数和环比指数。固定基期为定基指数，环比指数和同比指数的基期随时而变。股价指数是以某个特定的年份或者具体日期为基期，将报告期的股价水平与基期相比计算得到的百分比率，属于定基指数；居民消费价格指数以上一年

---

[1] 马妮.从指数研究到社会指数运动：20世纪社会指数运动之社会学审视（1）[J].学术界，2017(1).

度或上一月份数据为基础,属于环比指数。三是具有经济联系基础的几个指数可组成"指数体系",表现形式为总值指数等于两个或两个以上因素指数的乘积,如销售额指数等于销售量指数乘以销售价格指数,且具有实际经济分析意义。四是指数的影响范围往往超出国界,对全球经济发展会产生较大影响。五是指数编制与发布具有连续性以避免造成指数缺乏可比性,为社会大众持续了解社会经济现象、做出经济决策提供支撑。

经济类指数观测数据多数为不间断且具有可比性的数据,为纵向比较奠定了坚实的基础。经济类指数所确定的指标和获取的数据因市场在资源配置中的日益重要的作用而为世界各主要国家所采用。

2. 基于横向比较构建的指数

教育类指数常使用该方法,以联合国教科文组织研制的全民教育发展指数、长江教育研究院研制的中国教育指数、北京师范大学研制的中国教育发展指数、美国教师权利指数等为例,其主要特点有:一是主要从横向比较评价对象在不同空间(国家或地区)不同维度的差异程度,以确定评价对象在参评范围内的相对位置,并对评价对象进行优劣排序。如中国教育指数、中国教育发展指数都对全国 31 个省区市的指数得分进行排名,全民教育发展指数对参评的 129 个国家进行排序,美国教师权利指数则是为了体现各参评高校教师参与学校治理过程的优劣情况。二是将评价对象在某维度上的实际水平与计划目标进行对比,反映计划的执行情况或完成程度,如中国教育发展指数中的创新指数。三是指标权重确立多采用德尔菲法和层次分析法。四是观测点数据获取主要以现有公共数据为主,同时辅以必要的问卷调查,如教师权利指数通过问卷调查获取相关数据。五是需对观测指标数据进行归一化处理,常使用最大最小值法进行处理。由于数据的复杂性,同一指数下面具体指数计算方法会存在差异,如中国教育指数中的创新指数直接使用赋值法而区别于比值法。

由于教育现象的复杂性,以及学科背景和关注领域的差异性,学者们对教育现象的描述呈现多维度、多样化现象,对教育的评价内容也不同于经济领域中"增长幅度大小""增长速度快慢"等较为单一的评价内容。除此之外,在教育发展的不同阶段,数据采集的延续性和数据的可比性较差,不利于纵向比较,因此更多是进行某一国家或地区的某一具体教育现象的横向比较。

3. 基于基准比较构建的指数

社会类指数较常使用该方法。该方法首先需根据历史经验对不同数据进行分档,确定"基准值",并对实际计算数据结果归档,最终确定指数。以空气质量指数、交通拥堵指数为例,其主要特点如下:一是指数的"基准值"标准明确;二是指数构建的目的是通过与"基准值"的比较来反映某一特定领域的实时情况,如交通拥堵情况和空气污染情况;三是指数的指标体系设计相对简单,观测点少;四是观测点数据以实时监测数据为主,数据观测口径一致,为后期计算奠定了坚实基础;五是"基准值"的设定需要以大量历史经验为基础,不同国家或地区的基准值可能存在差异,因此指数的影响范围囿于国界,如美国和中国关于空气污染指数的测量和分级存在较大差异,不能简单地直接进行国际比较。

研究生教育质量监测是一个系统的和全方位的工程,理想状态下,需监测影响研究生教育质量各因素的数据。但在实践中,影响研究生教育质量各因素数据的监测有滞后性,难以像经济领域内的数据一样进行实时测量和统计;影响研究生教育质量各因素数据的历史记录相对不完善且统计口径不一,难以选择较早年份作为"基期",也难以借助历史数据科学地确定"基准值"。因此，研究生教育质量指数较适合选择基于参评对象相互比较构建的方法。

（三）构建研究生教育质量指数的基本步骤与方法

根据逻辑先后顺序和主次地位作用，构建研究生教育质量指数的过程可分为七个步骤，分别为：确定核心要素、设计指标体系、数据采集、数据处理、确定指标权重、结果生成与检验、指数分析与应用。

1. 确定核心要素

确定研究生教育质量指数的核心要素是指数构建最为关键的一步。核心要素不是基于指标的可获得性而定的，而是根据所需评价的内容，依据已有的相关理论基础来确定，或者是依据人们的主观经验，通过专家学者和各方利益相关者共同参与、共同商讨、共同构建，最终达成共识。从指数构建实践来看，一些新兴领域的指数构建可能相对主观，因为这些领域的理论基础相对薄弱，还需加强理论研究[①]。随着新时代我国教育发展主题、主线与方式的转变，研究生教育质量的内涵也在不断丰富和发展，研究生教育质量指数的核心要素要反映新时代新阶段的特点，要体现立德树人成效、服务经济社会发展能力和贡献度等重要内容。

2. 设计指标体系

指数是指标的有机组合，核心要素确定之后，下一步需要设计指标体系。遵循前述的指数构建原则，特别是简洁性原则，研究生教育质量指数的指标体系不应太复杂，采用两层或三层比较合适，如中国教育发展指数采用三层

---

① OECD. Handbook on constructing composite indicators: methodology and user guide[EB/OL].（2018-09-12）. www.oecd.org/publishing.

指标体系，全民教育发展指数则仅有一层指标体系。指标的质量直接决定指数的质量，所以选择指标时需多方面考虑，要依据指标的相关性、可靠性、及时性、可行性等性质来选择确立。此外，指数可以包括投入和产出指标，如果指数偏重于测评研究对象绩效，则尽量选取产出指标。研究生教育质量指数强调结果导向，所选的指标以产出指标为主。

3. 数据采集

数据采集是指数构建的一项重要基础工作，其难易程度取决于数据性质、类型和来源。指数涉及的数据来源主要有三种：一是直接数据，即通过数据库、网络或者年度报告可以直接获取的数据。该类数据采集就相对容易，但有时一些公共数据涉及不同部门，受制于数据管理的制度壁垒，有些公共数据一时难以公开获取。二是合成数据，即通过计算机使用人为手段生成的数据，例如将现实数据进行聚类分析、因子分析所产生的数据。在数据量不足的情况下，利用合成数据可以节省时间，降低成本和风险。三是挖掘数据，即从海量数据中通过数据爬取、数据清洗、文本分析、机器学习等手段获取的有用数据。随着大数据、云计算、人工智能等新技术的发展，数据采集的网络化、智能化水平将不断提高，"让数据多跑路，让人少跑路"的数据采集新机制将逐步建立。研究生教育质量指数的数据采集将主要依托教育部学位中心现有大数据，指标数据获取尽可能采取直接数据，并根据实际需要采取多种途径如问卷调查等方式获取相关数据。在指数测试阶段，可以考虑通过合成数据建立训练集，以检验指数的可靠性。

4. 数据处理

数据处理是指对采集的数据进行分析和加工的技术过程，例如数据无量纲化、缺失值处理等。由于指标的数据类型、度量单位不同，在对不同指标进行加总之前，需要进行数据无量纲化处理。无量纲化的方法有多种，包括排名法、标准化法、最大最小值法（极值法）、分类量表法、参照距离法、平均值法、分段函数法、周期指标法、意见平衡法、连续差异百分比法等。最常用的有标准化法和最大最小值法。标准化法是将指标转换成为均值为0、标准差为1的变量。最大最小值法是通过指标值减去最小值并除以指标值极差，经转换后，指标值介于0到1之间。如果存在异常值，它可能对这两种方法产生较大影响。平均值法虽然不受异常值影响，但它的门槛值的确立具有任意性，同时它还忽视了指标值与平均值差距，因而不足之处明显。具体采用哪种方法进行标准化，应视具体情况而定，实践中可以尝试根据数据性质运用不同方法，然后进行综合比较。

数据处理时常会遇到指标数据缺失的情况。数据缺失包括随机缺失和非随机缺失，它对指数稳健性的影响程度不一。因此需对缺失数据进行处理，一般方法有个案删除、单一插补或多重插补。个案删除简单地删除了分析中缺失的记录。插补法将缺失数据视为分析的一部分，可采用单一插补法插补，如均值/中值/模式替换、回归插补、冷插补、热插补、期望最大化插补，或多重插补法插补，如马尔可夫链蒙特卡洛算法。

5. 确定指标权重

权重表示指标的相对重要性，在本质上是一种价值判断，大多数复合指数采用等权重方法，如人类发展指数[①]。权重的调整和变化会对指数结果产生显著影响。权重的确立方法主要有两种类型。一种是基于统计模型的具体的统计分析技术，包括主成分分析法、因子分析法、结构方程模型法、数据包

---

① UNDP. Human development report [EB/OL]. (2018-12-26). http://hdr.undp.org/en/content/human-development-report-2010.

络分析法等，比如顾客满意度指数[①]、全国高等教育满意度指数的权重确立采用的是结构方程模型法[②]。因为指数可采用统计模型法确立权重，所以在顺序上把权重确立放在数据采集与处理之后。另一种是专家参与式方法，如德尔菲法、层次分析法、预算分配法。比如中国教育指数的权重确立采用的是德尔菲法和层次分析法[③]。预算分配法与德尔菲法类似，具体做法是给专家一个N分的"预算"，将其分配到若干个单独的指标上，专家可以为那些他认为重要的指标分配更多分值。预算分配法最适合10～12个指标，如果指标太多会增加区分难度，让专家难以做出合理判断。权重根据具体情况而变动，如果是为了定义最佳实践或设置优先级，权重应随时间而变；但如果是为了分析某些变量的发展过程，权重则需保持稳定。为了克服权重选择方式带来的不利影响，建议采取综合比较的方式，即使用多种权重分配方式进行模拟测算，然后对指数结果进行综合比较，最终确定满意的方案。

6. 结果生成与检验

根据指标权重对指标数据进行加权汇总计算，可得到指数结果。指数结果是一个具有综合性质的单一数值，直观且易理解，也具有可比性。从技术角度和政策角度而言，指数结果生成之后都应进行稳健性检验。指数稳健性检验主要有两种方法，即不确定性分析与敏感性分析。不确定性分析是检测输入因素的变化对指数值的影响，具体有：包含和排除个别指标，使用替代缺失数据插补方法，使用替代数据无量纲处理法，使用不同的加权方法，使

[①] FORNELL C, 刘金兰. 顾客满意度与ACSI[M]. 天津：天津大学出版社, 2006.
[②] 黄海军. 全国本科教育满意度调查报告[J]. 大学（研究版），2017(10).
[③] 张炜，陈光春. 新智库指数：中国教育发展指数、创新指数与绿色指数[M]. 武汉：湖北教育出版社, 2016.

用不同的加总方法，等等①。敏感性分析主要评估单个不确定性因素对指数方差的影响，常采用散点图显示。不确定分析比敏感性分析更常用，且经常单独使用，但综合运用不确定性分析和敏感性分析，可以改善指数的结构，确保指数的稳健性和一致性，增强指数的可信度。

7. 指数分析与应用

指数构建是由分到总的过程，而指数分析与应用则是由总到分、由内到外的过程。研究生教育质量指数为政策分析提供了起点，通过指数分解，可以进一步揭示地区、研究生培养单位的总体表现，包括在核心要素上对比分析个体表现，在指标上呈现个体的优点和缺点。指数的使用范围越广，其使用价值也越大。将指数与其他变量或指标建立起联系，进行相关性分析甚至因果关系分析，可以扩大指数使用范围，增强指数的解释力、预测功能，进一步凸显指数的价值所在。当前，我国高等教育财政拨款越来越倾向于采用绩效拨款方式，绩效拨款需要参照相关的、合理的、可靠的标准，而研制一个科学的、稳健的研究生教育质量指数，对于绩效拨款具有重要的参考价值。此外，指数的表现形式也很重要，比如图形。俗话说，"一图胜千言"，尽管表格能提供完整的信息，但有时借助图形能够更快速、更形象地传递信息，达到更好的传播效果。

四、小结

绿色发展是我国五大发展理念之一，建立绿色评价机制是推动绿色发展

---

① OECD. Handbook on constructing composite indicators: methodology and user guide[EB/OL]. (2018-09-12). www.oecd.org/publishing.

的重要举措和重要体现。我国研究生教育质量保障体系已基本搭建成形，相对成熟稳定的质量评估工具也有多种，但具有绿色评价理念的工具还较为缺乏，因而需要开发一种新型的绿色评价工具，即研究生教育质量指数。本节对研究生教育质量指数的研究意义，以及构建研究生教育质量指数的基本原则、主要模式、基本步骤与方法进行了初步探讨。在研究意义部分，依据由宏观到微观的思路，阐述了研究生教育质量指数对推动落实创新驱动发展战略、落实立德树人根本任务、丰富和发展研究生教育评价理论和方法、实施动态监测研究生教育质量的重要性。在基本原则部分，从理论和实践的角度，提出了五条基本原则。在主要模式部分，对已有各类指数构建方法进行系统总结和归类，提出了三种构建方法的划分方式。在基本步骤与方法部分，依据逻辑先后顺序，总结了指数构建的七个步骤。研究生教育质量指数从概念提出到落地实施，需要走过一段较长的路。本节基于一种中观分析视角，来探讨构建研究生教育质量指数的一般规律和方法。第三节将聚焦实践层面，遵循本节提出的原则和逻辑，构建具体的研究生教育质量指数指标体系，以便于开展教育评价实践活动。

第三节　研究生教育发展指数

习近平总书记在全国教育大会上指出，要不断使教育同党和国家事业发展要求相适应、同人民群众期待相契合、同我国综合国力和国际地位相匹配。研究生教育是国民教育体系的顶端，是国家发展战略的重要支撑、创新人才培养的重要根基、国家创新力的重要基石、国际竞争力的重要支柱，其战略地位更加凸显[①]。我国研究生教育是否同我国综合国力和国际地位相匹配，需要在全球背景下，对我国和世界主要研究生教育大国的研究生教育发展状况进行监测、评价与比较。指数是一种有效地对事物发展质量或水平进行综合评价的数据统计分析方法，构建研究生教育发展指数，涉及对发展的理解，涉及基于怎样的发展理念、发展观念、发展理论来界定研究生教育发展。

一、研究生教育发展指数的研究意义

（一）回应社会关切，衡量中国研究生教育在世界上所处位置

政府、高校、用人单位和社会公众对我国和其他国家研究生教育发展水平有了解的需求，如何满足这一需求，构建世界主要国家研究生教育发展指数显得十分必要。指数具有简洁、直观、明了的优点，具有很好的传播力。世界主要国家研究生教育发展指数以国家为分析单位，测算样本国家研究生教育发展指数得分。它既有国别的横向比较，也有时间上的纵向比较；既可以在指标层面比较各国研究生教育微观发展水平，也可以在指数层面比较各国研究生教育宏观发展水平。所以，通过世界主要国家研究生教育发展指数，能够清晰地看到我国研究生教育同其他国家相比，处于怎样的水平，有哪些突出特点，以及发展变化情况如何。世界主要国家研究生教育发展指数如能得到广泛认可、传播和使用，其社会效益不可估量。

---

① 黄宝印，黄海军. 加快发展高质量研究生教育战略意义的认识与思考[J]. 中国高教研究，2020(4).

（二）回应时代需求，助力中国参与全球研究生教育治理

中国是全球教育治理的重要参与者和推动者。《教育部等八部门关于加快和扩大新时代教育对外开放的意见》提出扩大教育国际公共产品供给，为全球教育发展贡献中国力量，为全球教育治理贡献中国方案。指数是一种数据统计分析方法，更是一种政策工具。指数的构建反映或隐含着特定的政策价值观念、价值导向，它可作为政策效果的评价工具，还可为新政策制定提供重要预示、预警。当前在全球教育治理中，还缺乏监测各国研究生教育发展水平的指数工具。中国率先构建世界主要国家研究生教育发展指数，旨在为全球研究生教育治理提供公共产品，提供中国方案、中国工具。

（三）深化理论研究，丰富和发展研究生教育监测评价理论与方法

当前全球范围内的研究生教育质量评估工具大多属于"重量型"工具，如专业质量认证、学术项目评估和审核、跟踪调查等，其特点是强调评估的综合性，存在评估周期较长、评估成本偏高等问题，因而有必要倡导"绿色评价"理念，开发一种新型的、轻量型的、绿色的评估工具[①]。世界主要国家研究生教育发展指数尽量采集公共数据，属于一种绿色评价工具。该指数的指标体系构建，需考虑多重因素，既有理论层面的、政策层面的，也有实践层面的。综合权衡多重因素后，选取一定数量的关键性指标，对研究生教育发展水平进行多层面、多向度的动态监测与评价。世界主要国家研究生教育发展指数研究在学界和政策领域目前尚属空白，从概念的提出，到工具的开发以及结果的测算，在理论和方法上都具有一定的创新性。

---

① 任超，黄海军，王宇，等.研究生教育质量指数构建模式与方法研究[J].高等教育研究，2019(10).

二、研究生教育发展指数的内涵

（一）发展的性质

关于发展的研究，已形成了多种理论，包括古典政治经济学、殖民经济理论、后发展国家理论、发展经济学、现代化理论、依附理论、世界体系论、替代发展理论、人类发展理论、后发展理论、新千年发展目标等。不同发展理论对发展的内涵界定不尽相同。纵观对发展的已有研究，可将发展的性质归结为以下几个方面。

（1）价值性。西尔斯在《发展的含义》中指出，我们不能回避那些实证主义者轻蔑地称作"价值判断"的问题。"发展"必然是个规范性的概念，几乎与"改进"是同义词，如果佯装不知，则正好是隐瞒自己的价值判断[1]。发展所蕴含的价值判断，具有进步性、趋善性或有益性。诺贝尔经济学奖获得者缪尔达尔认为，我们所理解的发展其实就是整个社会系统的进步[2]。我国学者刘森林认为，"发展"必定蕴含着一种趋向更好目标的方向性意义，在这个意义上，"发展"显然是一个以现代价值为预设前提的现代词语[3]。

（2）实践性。发展研究自其产生之初就与现实问题紧密联系，发展研究关注的始终是现实的发展政策，发展计划，发展项目的制定、实施和效用问题，最终的落脚点也是指导人类的发展实践[4]。发展实践是发展哲学最深刻、最现实和最终结的客观基础。比如，发展问题是在发展实践中各种矛盾的精

---

[1] 亨廷顿, 等. 现代化: 理论与历史经验的再探讨 [M]. 上海: 上海人民出版社, 1993.
[2] 普雷斯顿. 发展理论导论 [M]. 北京: 社会科学文献出版社, 2011.
[3] 刘森林. 发展哲学引论 [M]. 广州: 广东人民出版社, 2000.
[4] 唐磊, 刘霓, 高媛, 等. 跨学科研究的理论与实践: 基于研究文献的考察 [M]. 北京: 中国社会科学出版社, 2016.

神表现[1]，发展观来源于现实的发展活动，是对发展实践的观念反映[2]。任何发展哲学都是一种理论形态的发展观念，其根源厚植于发展实践之中[3]。

（3）人本性。人是发展的核心，但在发展的认识史上并非一直如此，发展理论中对人的地位与作用的认识有个转变的过程。佩鲁在《新发展观》中提出，发展要以人为中心，实行经济、政治、文化的协调发展[4]。美国发展伦理学家德尼·古莱提出，发展就是提升一切个人和一切社会的全面人性[5]。发展的好处应当惠及所有的社会，惠及社会上的每一个人[6]。在马克思主义看来，发展的主体是人，是由人主导并为了人的，但这个人不是抽象的人，其基本成分或骨干力量是广大的人民群众[7]。诺贝尔经济学奖获得者阿玛蒂亚·森提出，发展的过程就是扩展人类自由的过程[8]。

（4）综合性。从经济增长到经济发展，从经济发展到社会发展、综合发展，发展研究的方法论特点在于，从物转向人，从关注量的变化转到关注人文指标。人的发展是人类社会发展的最高目标[9]。联合国教科文组织对社会发展的观点认为，发展是一个综合过程，目前这已被国际社会所承认。经济增长是一个动力，但其本身并不是目的，因此除经济增长之外，发展首先是社会性的。发展还与和平、人权、民主管理、环境以及文化和人们的生活方式

---

[1] 任平.走向中国本土的发展哲学建构[J].江海学刊，2009(1).
[2] 邱耕田，王丹.中国四十年发展之发展哲学沉思[J].哲学研究，2018(11).
[3] 任平，吴建厂.中国发展哲学40年：问题、理论与前景[J].江苏行政学院学报，2019(1).
[4] 田启波.马克思主义发展哲学与可持续发展思想[J].江西社会科学，2000(8).
[5] 檀传宝.什么是"发展教育学"?：关于发展教育学及其研究的若干设想[J].教育学报，2005(3).
[6] 古莱.发展伦理学[M].北京：社会科学文献出版社，2003.
[7] 同[2].
[8] 森.以自由看待发展[M].北京：中国人民大学出版社，2013.
[9] 邢永富，宁虹，蔡春，等.关于发展教育学的理论思考[J].教育研究，2005(4).

有着密切联系[①]。

（二）世界主要国家研究生教育发展指数内涵

指数是一种具有高度综合、高度概括且能体现核心特征的定量评价工具，对于监测和评价研究生教育发展具有很好的适用性。基于对发展性质的认识，本研究提出，世界主要国家研究生教育发展指数是对全球一定数量国家和地区研究生教育发展能力和水平的定量分析和客观评价，是从发展的充分度、贡献度、保障度等维度构建指标体系并计算生成指数值，用于监测发展进程，反映发展成就，揭示发展不足，为制定宏观政策提供参考和依据。

（1）充分度。党的十九大报告提出，中国特色社会主义进入新时代，我国社会主要矛盾已经转化为人民日益增长的美好生活需要和不平衡不充分的发展之间的矛盾。发展的充分性、平衡性是衡量发展的新的重要尺度。许宪春等人编制了清华大学中国平衡发展指数，从定量角度研究我国发展不平衡不充分的问题，对发展的不平衡不充分程度进行客观评价[②]。该研究从国家经济社会的全局视角提出，发展不充分是指各领域当前发展水平，相对于较充分状态（如发达国家和地区的发展水平）存在发展不足，主要体现在发展质量和效益还不高，创新能力不够强，资源利用效率有待提升，社会事业有待充分发展，生态环境有待充分改善，民生短板有待弥补。对于研究生教育这个子系统而言，发展充分度是指相对于发展目标和社会需求而言，研究生教育发展的充分程度，包括规模大不大、速度快不快、结构优不优、质量高不高、效益好不好等。

[①] 刘森林.发展哲学引论[M].广州：广东人民出版社，2000.
[②] 许宪春，郑正喜，张钟文.中国平衡发展状况及对策研究：基于"清华大学中国平衡发展指数"的综合分析[J].管理世界，2019(5).

（2）贡献度。发展之所以具有本体性，在于发展的功能性[①]。知识经济时代，人类社会发展正面临着前所未有的复杂问题，要解决这些问题，必须拥有一支具有创造性的人才队伍。研究生教育就是培养知识渊博、有效率和富有创新精神的人才。只有创造性地、创新性地把所学知识和技能应用到实践中，才能促进国家经济社会可持续发展[②]。培养高层次人才，服务经济社会发展，一直以来都是我国研究生教育政策强调的重点，也是世界研究生教育大国的共识。英国政府1974年提出研究生教育的主要目标是：满足国家未来的人才需要，为合格的、适宜的和敏锐的学生提供进一步的训练，有助于促进知识的进步[③]。该目标此后多年都未曾改变。研究生教育发展的贡献度，是指研究生教育对知识发展与创新、国家经济社会发展的贡献程度，侧重反映研究生教育所发挥的作用。

（3）保障度。研究生教育既是一种生产活动，也是一种消费活动。研究生教育的持续健康发展，要有充足的物质条件保障，这包括人力、物力、财力、信息、制度等多方面的要素投入。师资力量是教育发展水平的决定性因素，研究生导师的规模与质量是研究生教育发展的首要保障要素。各类设施设备和经费是研究生教育发展的必要条件。研究生教育制度的完备性、合理性、先进性是研究生教育发展的显著特色和优势所在，特别是研究生教育奖学金、助学金体系，体现了一国教育政策对教育质量和教育公平的追求和实现程度。研究生教育发展的保障度，是指研究生教育获得各种投入和保障的程度，侧重于反映当前投入能否支撑研究生教育发展。

[①] 邱耕田，王丹. 中国四十年发展之发展哲学沉思[J]. 哲学研究，2018(11).

[②] 黄宝印，黄海军. 加快发展高质量研究生教育战略意义的认识与思考[J]. 中国高教研究，2020(4).

[③] 克拉克. 研究生教育的科学研究基础[M]. 杭州：浙江教育出版社，2001.

研究生教育发展指数的充分度、贡献度、保障度，与发展概念的价值性、实践性、人本性和综合性具有内在联系，但不是一一对应的关系。发展的人本性映射到研究生教育发展指数，即强调充分度，要求实现研究生教育的充分发展，为更多有能力有需求的大学生提供优质的研究生教育。发展的价值性及其内含的进步性、有益性，映射到研究生教育发展指数，则是强调贡献度，强调研究生教育对经济社会发展所做的贡献，这具有重要导向作用。发展的实践性、综合性对构建研究生教育发展指数也具有指导价值，强调立足于研究生教育现实，更全面地反映现实，服务现实需求，引导现实发展。

三、研究生教育发展指数的构建

为定量研究全球研究生教育的发展状况，监测全球研究生教育的动态变化，我们在认真研究研究生教育发展指数的政策指向和科学内涵的基础上，构建了由充分度、贡献度、保障度三个维度组成的行动框架。研究生教育发展指数构建的行动框架包含了对研究生教育发展规律的探析，也包含了对研究生教育发展指数化测算的深度挖掘，既是在发展理论层面的探索，也是在指数实践层面的应用。

研究生教育作为本科后更高层次的专业教育，以高深知识生产和高层次人才培养为主。一是作为高深专门知识生产的主要阵地，研究生教育发展的核心任务就是对现有经验、认知和行为进行归纳、分析和再加工，以至拓展人类的知识边界，实现知识的更新和创造；二是通过使劳动力具有专门性、高层次性、创造性的科学认识能力、学术创造能力和专业实践能力，让其成为社会高级专业人才，从而发挥更大的社会作用。从宏观上看，研究生教育发展必须适应和促进社会的发展、科学的发展和人类的发展；从中观上看，研究生教育发展要符合高校和科研机构的发展规律，顺应学科知识构建规律和知识服务社会公共需求的规律；从微观上看，研究生教育发展要符合人的智力开发和能力发展，适应构建人的全面发展规律。所以，对研究生教育发展的探索，本质上是对主体发展充分程度的认识，对高深专门知识和学术型人才贡献度的测度，以及对研究生教育发展保障根本举措的准确把握。监测评价的行动理论基础是基于对研究生教育发展理解而形成的设计，是对研究生教育发展监测的结构化判断，是指导指数构建的重要依据。

研究生教育发展监测评价框架反映了教育发展的系统观，是构建其理论模型的基础。当前对教育的评价常见的框架包括："规模、结构、质量、效益"，"背景－投入－过程－产出"，"人才培养、科学研究、社会服务、文化传承"，"供给、需求、参与、绩效、产出"，等等。监测评价框架设计一般为达到以下目的：一是采用系统观审查教育发展。无论哪种评价框架，其本质都是从全维度审查教育发展，关注各层面因素对教育发展的影响，而不是将教育发展局限在某一因素上。二是以实用性为目的监测教育发展。在未形成较系统的监测框架时，基于监测重点形成逻辑自洽的框架。这类框架以较为清晰的方式呈现各个要素间的复杂关系，强调投入在教育发展中的重要作用。三是注意区分教育发展的不同层次。教育发展的监测可划分为个体、组织和系统等层面，如对学生、学校、国家（区域）等的监测。对教育发展层次的划分不仅可以对单一层次的分析框架进行拓展，将各要素涵盖其中，以避免在数据收集时遗漏重要维度，更便于对不同层面教育发展进行系统考察。

我们参考现有研究框架，形成了基于本体－功能－保障的行动理论分析框架（见图2-1）。研究生教育发展监测包括充分度、贡献度和保障度三个维度，充分度反映教育发展过程因素，是发展过程中内部发展充分性和与外部发展适应性的体现。贡献度反映教育系统产生的结果和影响，教育发展的过程是教育不断输出的过程，这是教育系统的"过程输出"。保障度反映的是教育系统运行的资源和条件情况，也反映教育系统为达到某一结果而采取的行动。从各个维度上看，研究生教育的充分度包括规模、结构和速度三方面，贡献度包括知识、经济和社会三方面，保障度包括教师、经费和制度三方面。从三个维度之间的关系看，研究生教育的充分发展能够提供持续性的贡献，保障发展的要素投入是充分发展的必要前提条件，而研究生教育对经济社会的贡献为自身发展的充分性提供保障。

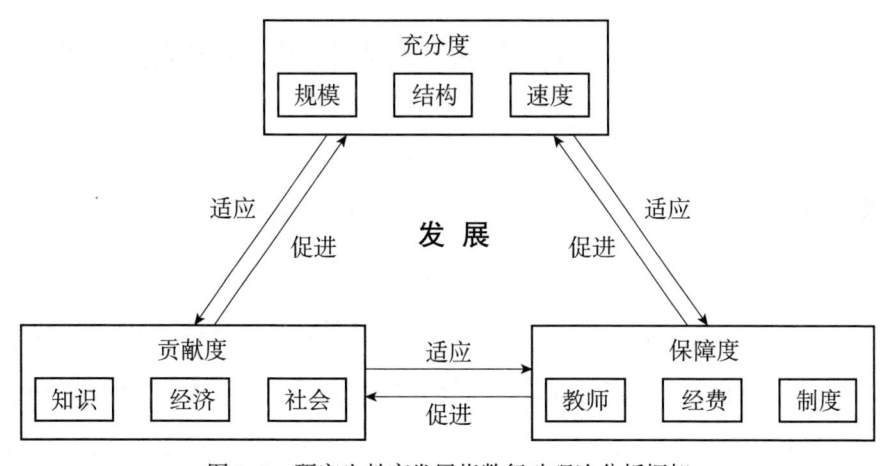

图 2-1 研究生教育发展指数行动理论分析框架

第三章 研究生教育指数实证分析

第一节 世界主要国家研究生教育发展指数研究

研究生教育发展指数的构建可以为研究生教育发展提供有效的监测方法。在政治导向上，研究生教育是一个具备较强实践性的政策话语，应当立足于国家创新驱动发展战略，面向国家重大需求和国民经济主战场对之进行测量，不能仅仅从学术标准上进行评价。在核心内涵理解上，应从系统的发展观对之进行描述，包括研究生教育发展的充分度、贡献度和保障度三个维度的理解。研究基于政治导向和核心内涵提出研究生教育发展指数构建的行动框架，参考现有研究框架形成基于本体－功能－保障的行动理论分析框架，选取关键要素构建并不断完善指标体系，建立以充分度、贡献度和保障度三个维度为基准的综合评价体系，在兼顾评价发展水平的同时兼顾追踪的纵向设计。构建世界主要国家研究生教育发展指数，有助于在世界视角下比较研究主要国家研究生教育发展态势，有助于衡量中国研究生教育在世界上的发展状况，助力中国参与全球研究生教育治理，丰富和发展研究生教育监测评价理论与方法。

一、研究对象的选取原则及研究对象国家的选定

（一）研究对象的选取原则

在研究对象国家选取上，主要遵循结构合理性、重要性、代表性、区域性、渐进性等五项原则。一个国家的研究生教育对本国的政治、经济、军事方面都有重要作用，所以在选取研究对象国家上要综合考虑政治、经济和社会等各个方面。

结构合理性。在研究对象国家选取时应遵循结构合理性原则，选取处于不同经济发展阶段的国家，选取研究生教育规模不同的国家。

重要性。在研究对象国家选取的过程中应区别国家重要程度，采用不同的选取方式，类似的国家可以灵活选择。例如经济发展、研究生教育发展等类似的国家，选取其一即可，不能遗漏或重复。判断对象国重要性的标准是其是否具有代表性，包括其所处的环境和时期，以及其是否具有不可忽视的地位。

代表性。代表性原则是一种非常有效的选取原则，能迅速地抓住本质，但有时会造成结果偏差。所以要注重对象国基本要素，要抓住其某一特征直接判断并选取。

区域性。对象国选取应考虑区域关系，即遵循区域原则。从系统论角度看，系统各要素相互联系、相互影响、相互作用构成不可分割的整体。对象国选取要考虑区域公平，主要是考虑经济、政治权利的平等和资源分布方面

的合理性，还应考虑空间维度上的合理性。

渐进性。研究生教育发展指数的构建应有步骤地推进，不仅要考虑当前的需要，而且要考虑长远的发展，关键在于把握好顺序和步骤，不能一哄而起、急躁冒进地设计方案和阶段性目标。所以在国家选取上要有严密的逻辑系统，参照逻辑顺序和基本结构来进行。

（二）研究对象国家的选定

本研究在指标数据尽可能完备的情况下，共选取了36个国家，按照人均GDP标准可分为四类。人均GDP在5万美元以上的国家包括：瑞士、爱尔兰、美国、丹麦、澳大利亚、瑞典、新加坡、荷兰、奥地利、芬兰，人均GDP在3万到5万美元之间的国家包括：加拿大、德国、新西兰、法国、以色列、日本、英国、意大利、韩国、西班牙，人均GDP在1万到3万美元之间的国家包括：葡萄牙、沙特阿拉伯、希腊、波兰、智利、土耳其、俄罗斯、巴西、墨西哥、中国，人均GDP在1万美元以下的国家包括：哈萨克斯坦、泰国、哥伦比亚、南非、越南、印度。按照人均可支配收入，又可将上述36国分为3组，见表3-1。

表3-1 研究对象国家

高收入国家	中等偏上收入国家	中等偏下收入国家
美国、加拿大、瑞士、德国、瑞典、奥地利、英国、法国、爱尔兰、意大利、西班牙、葡萄牙、丹麦、芬兰、澳大利亚、新西兰、日本、韩国、新加坡、以色列、沙特阿拉伯、智利、希腊、波兰、荷兰	中国、泰国、土耳其、哈萨克斯坦、俄罗斯、墨西哥、巴西、哥伦比亚、南非	越南、印度

二、构建研究生教育发展指数指标体系

(一) 分析框架

研究生教育发展指数的构建,需要考虑数据的获取和收集是客观可行的,尽可能在数据可获取的情况下选取关键因素,拒绝将主观因素纳入其中,且在最大程度上减少项目的负担和成本。由于各国文化差异较大,且跨文化比较很难实现,所以对于态度和价值观的监测评价不纳入其中,而是从客观数据入手对研究生教育发展指数关键因素进行监测。需要强调的是,发展指数设计需在对关键因素监测的广度和深度上和项目成本间寻求平衡。我们基于行动理论的分析框架和相关指标体系对研究生教育发展的充分度、贡献度和保障度所涉及的关键影响因素进行了整理,见表3-2。

表3-2 关键影响因素列举

维度	一级指标	二级指标
充分度	研究生教育规模	在校研究生数
		研究生培养单位数
		千人注册研究生数
		国际留学生数、到海外攻读研究生数
	研究生教育结构	研究生人数与本科生人数之比
		在校研究生中女性占比
	师资队伍	高校教师中具有博士研究生学历人员占比
	学科状况	学科国际排名、国际领先学科数
	发展可持续性	6年内研究生教育规模的变异系数
贡献度	知识贡献	高被引论文数
		专利授权数
		专利转化率
	经济贡献	研究生教育对经济增长的贡献率
	社会贡献	研究生就业率

续表

维度	一级指标	二级指标
保障度	人力保障	研究生导师数
		研究生导师人均指导研究生数
	财力保障	研发经费
		研究生生均经费
	制度保障	奖助体系
		研究基金支持

（二）表征选择

在指数实现中，由于客观因素，会对关键因素进行删减，并根据已获取数据选取表征研究生教育发展的指标，主要做法如下：一是使用表征研究生教育结果的指标。二是将表征研究生教育投入、过程、产出的因素选为指标。三是从不同衡量角度选取指标。具体指标见表3-3。

表3-3 研究生教育发展指数指标体系

维度	一级指标	二级指标	符号
充分度	研究生教育规模	研究生注册人数	PD_i
		千人注册研究生数	TGS_i
		研究生国际流动学生人数	IMS_i
	研究生教育结构	研究生人数与本科生人数比值	PTU_i
		女性研究生与男性研究生人数比值	FMG_i
	发展可持续性	6年内研究生教育规模增长率	GR_i
贡献度	知识贡献	科学出版物数	STP_i
	技术贡献	国际专利数（PCT、马德里、海牙 b）	IM_i
	人才贡献	企业中研究人才人数	ATD_i
保障度	人力保障	高等教育教师人数	THE_i
	财力保障	用于高等教育的R&D支出	R_i
	制度保障	奖学金覆盖率	SC_i

充分度。主要包括研究生教育规模、研究生教育结构和发展可持续性三个一级指标。规模指标主要包括绝对规模和相对规模两个方面，分别用研究生注册人数和千人注册研究生数衡量。规模指标属于正向指标，在知识经济时代与高等教育普及化的叠加期，研究生教育发展迎来更好的发展机遇和基础条件，研究生教育规模与经济发展相适应，规模的扩大或缩小与经济的发展和衰退相适应。另外，规模指标还包含研究生国际流动学生人数，在研究生教育发展过程中，国际学生的规模同样会反映一个国家或地区的研究生教育发展程度，它也是研究生教育国际化程度的反映。以研究生国际流动学生人数作为数据观测点，更具可比性、更宜比较，能更好地反映各国研究生教育学术水平、国际影响力和吸引力。结构指标包括高等教育内部层次结构和研究生教育的性别结构两方面。从理论上讲，结构指标属于适度指标，并非越大（或越小）越好，而是存在临界区间和临界点的指标，当超过临界点时，正向指标可能转变为负向指标。具体来说，层次结构采用研究生人数与本科生数比值指标，假定在本科生规模不变的前提下，研究生规模越大，则高等教育的层次结构越优化。从现实情况来看，目前各国研究生规模都存在增长空间。性别结构采用女性研究生与男性研究生人数比值指标，从全球范围内来看，性别公平是教育公平的重要组成部分，也是国际组织关注的重要议题。从联合国教科文组织的《全球教育监测报告》中可以看出，性别比是其重要板块。提高女性研究生比例，有利于促进研究生教育的性别公平，更有利于活跃和丰富研究生的学术活动。发展可持续性是研究生教育的内在属性，研究生教育的可持续性发展是其内部因素和外部因素共同作用的结果，其丰富的内涵预示着想要对之进行全面刻画难度较大。本研究采用简化的办法，从考察研究生教育在一段时间内的发展速度和发展的稳定性来衡量其发展可持续性，发展可持续性指标采用 6 年内研究生教育规模增长率来衡量。此项指标是正向指标，主要是考察在近 6 年内，对象国家研究生教育的发展状况、持续情况和稳定模式。对于发展起点较低的国家来说，由于早期研究生规模较小，近些年来规模扩张又十分迅猛，导致其年均增长率数值较大。考虑到本研究是基于发展视角监测研究生教育的，特保留了此类数据。

贡献度。包含知识贡献、技术贡献和人才贡献三个一级指标。知识贡献主要考察研究生教育在知识产出方面的贡献，如论文、著作、研究报告、教材等成果性产出。在破"五唯"的背景下，SCI 检索或 Nature、Science、Cell 全球三大刊等学术论文数量这些过去常见的指标，已经不能全面表征研究生教育在知识方面的贡献。本研究采用全范围覆盖的科学出版物数作为二级指标用以衡量研究生教育的知识贡献。技术贡献主要考察研究生教育在技术创新方面的贡献，例如专利数、专利转化率等。但从客观上讲，全口径统计专利数并非研究生教育对技术贡献的直接表征，企业在专利产出上扮演着重要角色。而在研究生教育的技术贡献上，统计各国研究生教育的教师和学生的专利数量更为合理，但由于此项统计过于复杂，并没有权威组织公布此类数据，而自己统计不仅难度过大，而且不能做到统计范围的全覆盖和数据的准确性，所以采用 WIPO 组织公布的包含 PCT 国际专利体系、国际商标体系（马德里体系）、国际外观设计体系（海牙体系）的国际专利数来表征。换言之，能够申请国际专利的人员，其主体应该大多是接受过高等教育或研究生教育的群体，即国际专利数与研究生教育高度相关，因而采用该项指标具有合理性。人才贡献主要考察研究生教育在社会经济中输送的高层次人力资源。一般情况下，每年的毕业生数量和就业率能够在一定程度上反映研究生教育的人才贡献，但考虑研究生毕业数量与研究生注册数量存在重复性的问题，而研究生就业率在全球范围中各个国家的统计标准不同，无法实现统计标准的统一，所以不考虑用这两个方面数据作为指标。企业中研究人才数能从客观上反映研究生教育的人才贡献，是由于研究人才大多具备高学历这一特征。研究生教育是为企业输送人才的重要方式之一，而且，企业中研究人才数在全球范围内有权威且标准一致的统计，所以采用其作为人才贡献二级指标。研究生教育对经济发展的贡献不言而喻，是一个非常重要但又难以测量的变量，李立国等测算了中国研究生教育对经济增长的贡献率，但测算各国研究生教育对经济增长的贡献率是一项复杂而艰巨的课题，超出了本研究范畴。研究生教育的社会贡献，在已有一些研究中，采用了研究生就业率来衡量，由于各国研究生教育方式的差异，统计口径不同，以及延期毕业、灵活就业等因素对就业率的统计也造成很大影响，因此该指标也有不足。

保障度。保障度通常包含人力、财力和制度等因素，研究生教育保障度包括人力保障、财力保障和制度保障等方面。人力保障通常采用研究生导师数或师生比等指标，但由于各国在导师人数统计上存在缺失严重的情况，而师生比也是覆盖整个教育阶段的师生比，其中基础教育的师生比统计较多，少有国家统计高等教育师生比，研究生教育师生比统计极少，所以只能舍弃导师数和师生比这两个指标。本研究在考虑指标体系完整性的基础上，将高等教育教师人数作为研究生教育在人力保障上的二级指标。财力保障可采用研发经费这一指标，为了更契合研究生教育，本研究将高等教育的 R&D 支出作为财力保障的二级指标。制度保障一般情况下是采用一个国家研究生教育制度的完备性和执行效率等指标，如研究生教育奖学金、助学金的覆盖率。本研究基于 OECD 调研数据，将研究生教育奖学金覆盖率作为制度保障的二级指标。

（三）数据来源

数据来源包括全球权威组织公布的数据和各国统计年鉴、公报等公开的数据，比如世界银行、世界知识产权组织、联合国教科文组织、OECD和各国统计部门公布的数据。主要采用公开采集、网络爬取和机构合作等方式获取数据，并遵循数据采集范围标准化、具有可持续性、质量控制严格和存储常规化等原则。

在实际数据收集过程中往往存在各国数据公布年份不统一和某些年份缺失的情况，也存在相关组织公布数据分布零散，统计耗时较长的情况，还存在研究生教育数据包含在高等教育数据统计中，数据难以剥离的情况。遇到以上情况时，如数据未达到该国该项指标覆盖要求时，对该国这一指标不予计算；数据年份缺失时，缺失一年的运用插补法或运用年均增长率进行估算并补充完整，缺失两年或两年以上时，使用已知的最新一年数据代替。

三、研究生教育发展指数趋势变化——36国的数据分析

（一）指标标准化

在数据处理上，本研究对各指标数据进行统一标准化处理，以便能更直观地依据各指标进行测算和对比分析，标准化方法如下：

（1）正指标。假设 i 指标、j 区域；x_{ij} 表示 i 指标 j 区域的指标获取值；y_{ij} 表示 i 指标 j 区域的指标效用值；x_{imax} 表示该指标的最大值，x_{imin} 表示该指标的最小值。

$$y_{ij}=\frac{x_{ij}-x_{imin}}{x_{imax}-x_{imin}}\times 100$$

（2）逆指标。采用如下方法：

$$y_{ij}=\frac{x_{imax}-x_{ij}}{x_{imax}-x_{imin}}\times 100$$

一般情况下，需要注意的是两个阈值 x_{max} 和 x_{min} 并非一定是观测值中的最大值或最小值，是根据实际情况人为设定的，而 x_0 的设定需要考虑到子群体的指数值。

（二）合成指数

$$GEDI_i=w_iPD_i+w_iTGS_i+w_iIMS_i+w_iPTU_i+w_iFMG_i+w_iGR_i+w_iSTP_i+w_iIM_i+w_iATD_i+w_iTHE_i+w_iR_i+w_iSC_i$$

其中，$GEDI_i$ 为研究生教育发展指数，w_i 为权重，PD_i 为研究生注册人数，TGS_i 为千人注册研究生数，IMS_i 为研究生国际流动学生人数，PTU_i 为研究生人数与本科生人数比值，FMG_i 为女性研究生与男性研究生人数比值，GR_i 为 6 年内研究生教育规模增长率，STP_i 为科学出版物数，IM_i 为国际专利数，ATD_i 为企业中研究人才人数，THE_i 为高等教育教师人数，R_i 为用于高等教育 R&D 支出，SC_i 为奖学金覆盖率。

（三）指标权重

本研究采用组合赋权法进行权重计算，基于 APH 的从上向下赋权和熵值法的从下向上赋权保证每一层有更加科学合理的主观权重值与客观权重值。为了得到组合后更科学的综合权重值，采用的计算式为：

$$W_j = \frac{w_{1j}w_{2j}}{\sum\limits_{j=1}^{n}w_{1j}w_{2j}}, j=1,2,\ldots,n$$

这样可保证计算的主客观相结合，每一个指标权重趋于主观评价结合客观情况。

（四）各国研究生教育发展指数表现

本研究收集了 36 个国家的数据，测算了 2014—2019 年的研究生教育发展指数。结果如图 3-1、图 3-2、图 3-3 所示。

从结果来看，以 2019 年的数据为例，全球各区域间研究生教育发展鸿沟依然存在。北美洲、西欧和东亚地区的国家研究生教育发展指数排名长期处于前列，非洲、南美洲、中亚、西亚、东南亚等地区则排名相对靠后，尽管其中一些国家排名在中上位置（如南非、以色列），但大多数国家排名较后，如南美洲的哥伦比亚（第 36 位）、巴西（第 32 位），东南亚的泰国（第 35 位）、越南（第 30 位），中亚的哈萨克斯坦（第 31 位），西亚的沙特阿拉伯（第 34 位）。

北美洲 3 个国家。 北美洲是研究生教育发展十分不均衡的区域，该区域的总体特点是研究生教育发展的充分程度、对社会经济发展的贡献度、自身发展的保障度均处于较高状态。美国、加拿大和墨西哥，前两个国家都位列前十，美国稳居第 1 位，加拿大在 2015 年开始稳居第 5 位。美国在各个维度上表现均十分亮眼，特别是在贡献和保障度上，由于美国在知识、技术贡献以及财力投入上表现十分抢眼，所以排名遥遥领先。加拿大在充分度上表现较好，使得其在整体排名上靠前。墨西哥 2019 年位于第 33 位，研究生教育发展水平较低，在研究生教育发展的充分程度和与社会发展的相适应程度

2014年研究生教育发展指数

排名	国家
1	美国
2	德国
3	中国
4	瑞典
5	俄罗斯
6	加拿大
7	印度
8	法国
9	奥地利
10	丹麦
11	澳大利亚
12	英国
13	爱尔兰
14	瑞士
15	南非
16	以色列
17	芬兰
18	新西兰
19	葡萄牙
20	韩国
21	荷兰
22	西班牙
23	智利
24	日本
25	意大利
26	波兰
27	希腊
28	新加坡
29	土耳其
30	越南
31	哈萨克斯坦
32	巴西
33	墨西哥
34	沙特阿拉伯
35	泰国
36	哥伦比亚

2015年研究生教育发展指数

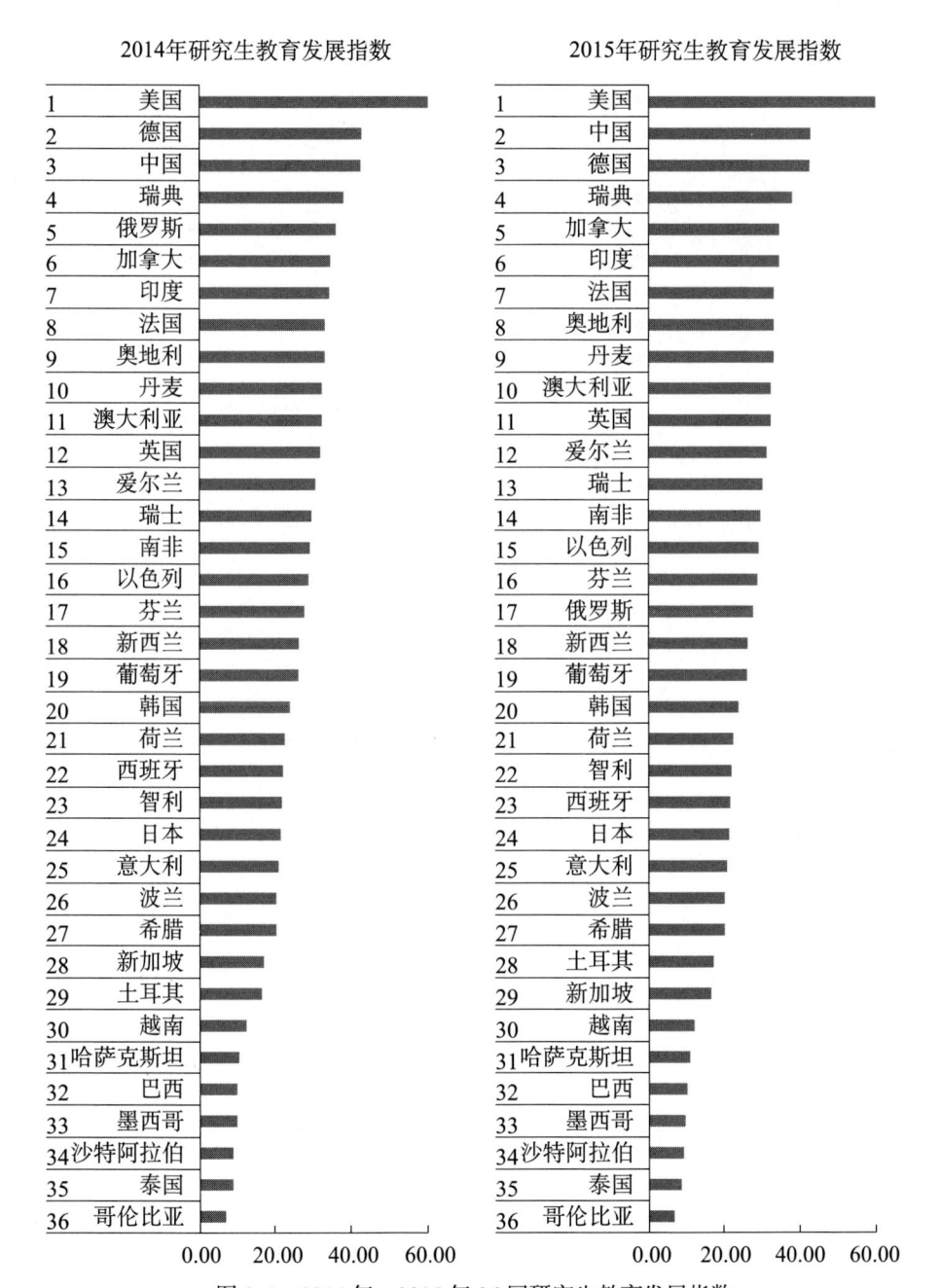

排名	国家
1	美国
2	中国
3	德国
4	瑞典
5	加拿大
6	印度
7	法国
8	奥地利
9	丹麦
10	澳大利亚
11	英国
12	爱尔兰
13	瑞士
14	南非
15	以色列
16	芬兰
17	俄罗斯
18	新西兰
19	葡萄牙
20	韩国
21	荷兰
22	智利
23	西班牙
24	日本
25	意大利
26	波兰
27	希腊
28	土耳其
29	新加坡
30	越南
31	哈萨克斯坦
32	巴西
33	墨西哥
34	沙特阿拉伯
35	泰国
36	哥伦比亚

图 3-1　2014 年、2015 年 36 国研究生教育发展指数

2016年研究生教育发展指数

排名	国家
1	美国
2	中国
3	德国
4	瑞典
5	加拿大
6	印度
7	法国
8	澳大利亚
9	丹麦
10	奥地利
11	英国
12	爱尔兰
13	瑞士
14	南非
15	以色列
16	芬兰
17	俄罗斯
18	新西兰
19	葡萄牙
20	韩国
21	荷兰
22	智利
23	西班牙
24	希腊
25	意大利
26	波兰
27	日本
28	土耳其
29	新加坡
30	越南
31	哈萨克斯坦
32	巴西
33	墨西哥
34	沙特阿拉伯
35	泰国
36	哥伦比亚

2017年研究生教育发展指数

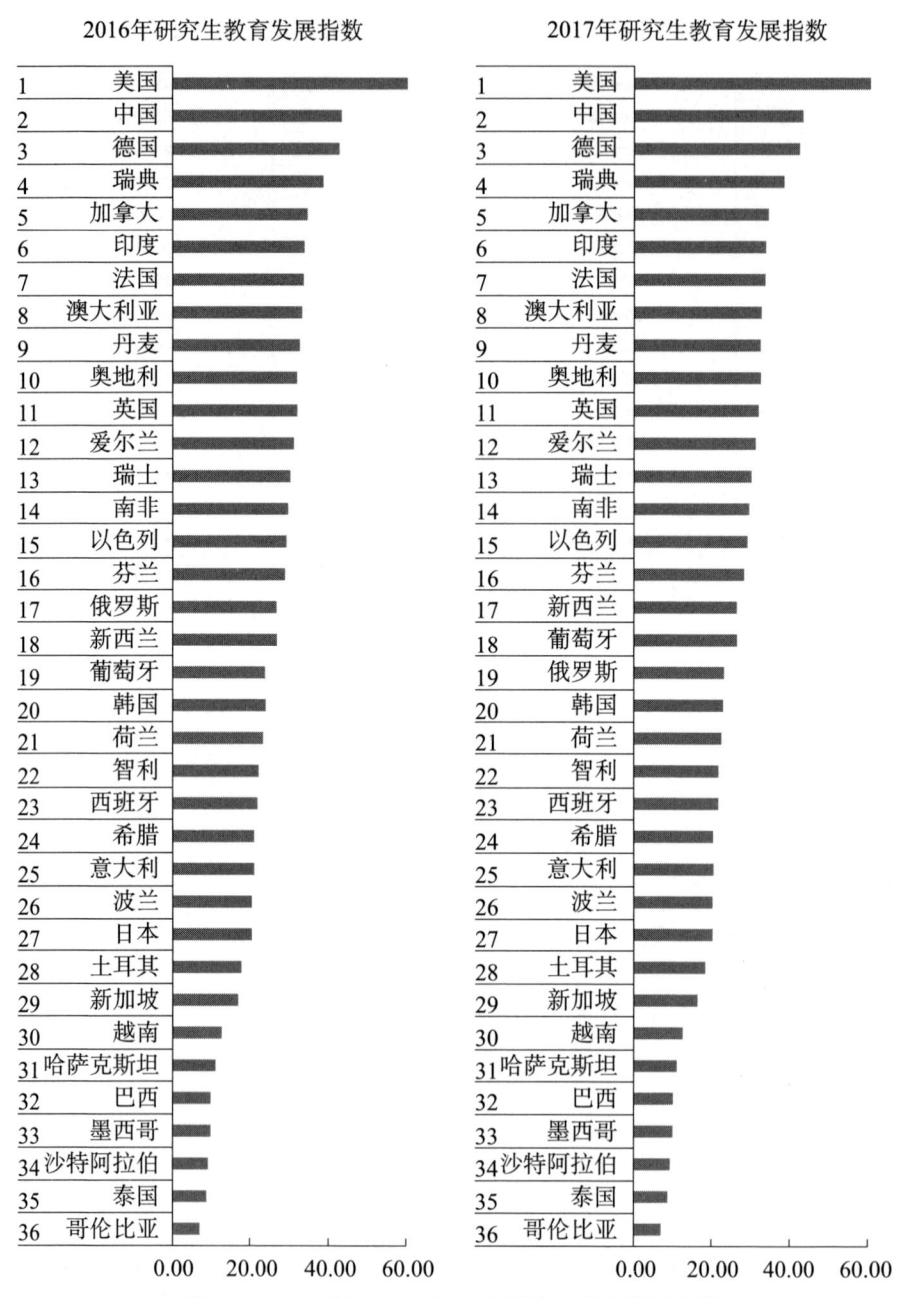

排名	国家
1	美国
2	中国
3	德国
4	瑞典
5	加拿大
6	印度
7	法国
8	澳大利亚
9	丹麦
10	奥地利
11	英国
12	爱尔兰
13	瑞士
14	南非
15	以色列
16	芬兰
17	新西兰
18	葡萄牙
19	俄罗斯
20	韩国
21	荷兰
22	智利
23	西班牙
24	希腊
25	意大利
26	波兰
27	日本
28	土耳其
29	新加坡
30	越南
31	哈萨克斯坦
32	巴西
33	墨西哥
34	沙特阿拉伯
35	泰国
36	哥伦比亚

图 3-2　2016 年、2017 年 36 国研究生教育发展指数

2018年研究生教育发展指数

排名	国家
1	美国
2	中国
3	德国
4	瑞典
5	加拿大
6	法国
7	印度
8	澳大利亚
9	丹麦
10	奥地利
11	英国
12	爱尔兰
13	瑞士
14	南非
15	以色列
16	芬兰
17	新西兰
18	葡萄牙
19	韩国
20	俄罗斯
21	荷兰
22	智利
23	西班牙
24	希腊
25	意大利
26	波兰
27	日本
28	土耳其
29	新加坡
30	越南
31	哈萨克斯坦
32	巴西
33	墨西哥
34	沙特阿拉伯
35	泰国
36	哥伦比亚

2019年研究生教育发展指数

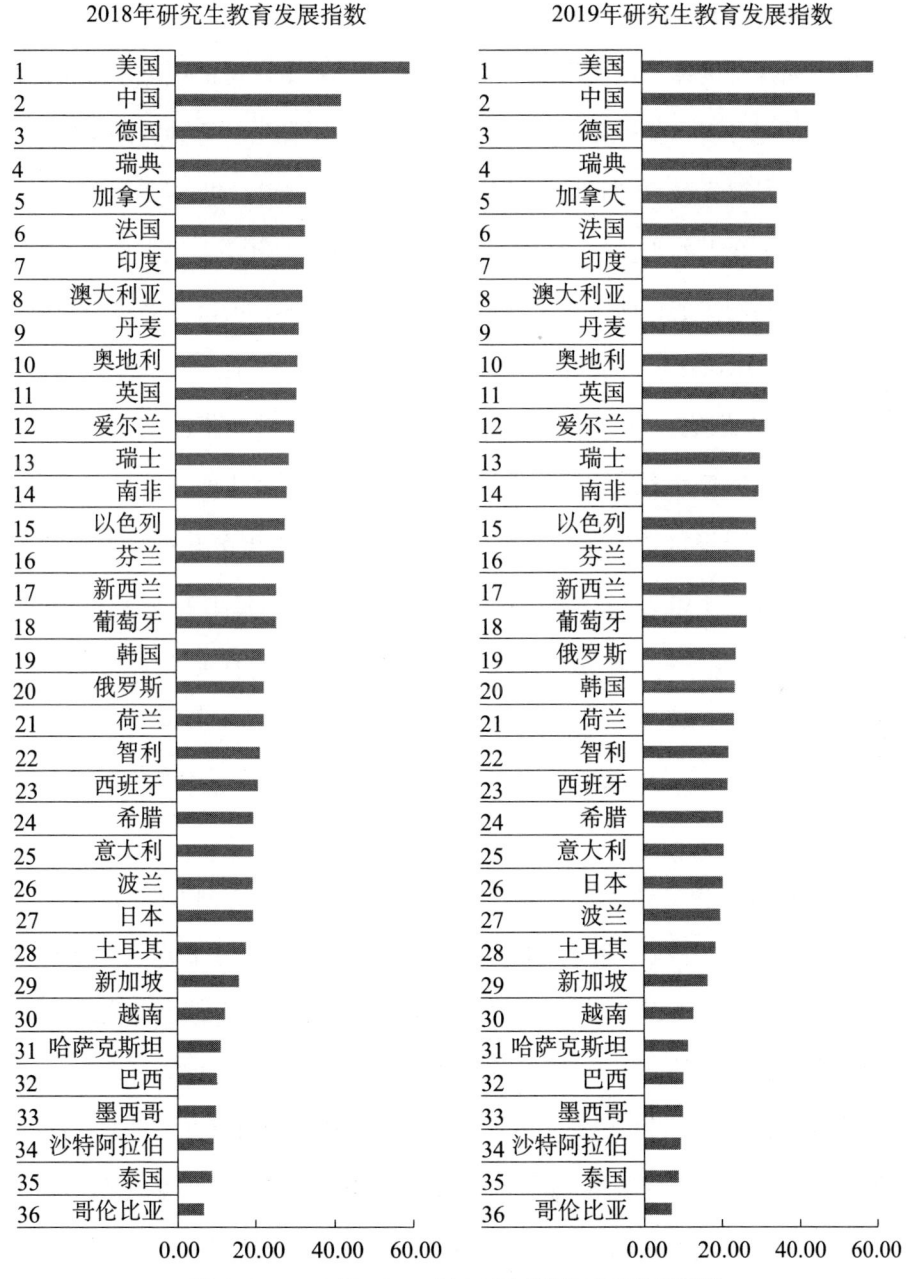

排名	国家
1	美国
2	中国
3	德国
4	瑞典
5	加拿大
6	法国
7	印度
8	澳大利亚
9	丹麦
10	奥地利
11	英国
12	爱尔兰
13	瑞士
14	南非
15	以色列
16	芬兰
17	新西兰
18	葡萄牙
19	俄罗斯
20	韩国
21	荷兰
22	智利
23	西班牙
24	希腊
25	意大利
26	日本
27	波兰
28	土耳其
29	新加坡
30	越南
31	哈萨克斯坦
32	巴西
33	墨西哥
34	沙特阿拉伯
35	泰国
36	哥伦比亚

图3-3　2018年、2019年36国研究生教育发展指数

上，与美国和加拿大比均差距较大。

南美洲 3 个国家。南美洲是研究生教育发展不太均衡的区域。该区域的总体特点是充分度、贡献度和保障度等均较低，研究生教育制度的运用处于起步阶段，研究生教育和社会经济快速发展脱节。值得一提的是智利，虽然在排名中多年处于第 22 位，但其自身研究生教育实力并不突出，由于其研究生教育发展基础薄弱，研究生教育规模扩张显得较快，所以排名在南美洲位于前列。哥伦比亚在指数中始终位于末尾。

欧洲 16 个国家。欧洲是研究生教育高水平国家的聚集区域。由于本研究是监测研究生教育发展情况，欧洲一些发达国家研究生教育发展水平本身就很高，且处于稳定发展阶段，所以在排名上，一些国家并不突出。例如：2019 年，波兰位于第 27 位、意大利位于第 25 位、希腊位于第 24 位、西班牙位于第 23 位、荷兰位于第 21 位、俄罗斯位于第 19 位、葡萄牙位于第 18 位、芬兰位于第 16 位、瑞士位于第 13 位、爱尔兰位于第 12 位、英国位于第 11 位、奥地利位于第 10 位、丹麦位于第 9 位、法国位于第 6 位、瑞典位于第 4 位、德国位于第 3 位。

亚洲 11 个国家。在亚洲国家中，中国位于最高位置，排在第 2 位，这与中国在全球经济体中处于第 2 的位置相适应。印度在排名中表现也十分抢眼，位于第 7 位，这主要得益于其在研究生培养规模和人才贡献上的突出表现。东亚地区除了中国外，还有韩国（第 20 位）、日本（第 26 位），日本表现并不突出的原因是其在男女研究生的比例上不占优势，同时存在一些数据问题，因此排名靠后。哈萨克斯坦（第 31 位）、土耳其（第 28 位），以色列（第 15 位）位于中间位置，主要是由于其研究生教育规模不占优势，所以排名并不靠前。此外，亚洲还有新加坡（第 29 位）、越南（第 30 位）、泰国（第 35 位），以及沙特阿拉伯（第 34 位）。

大洋洲 2 个国家。大洋洲国家中包括澳大利亚（第 8 位）和新西兰（第 17 位），两国研究生教育发展指数排名相对靠前，这与其较大的研究生培养规模及研究生教育对经济社会的发展贡献密切相关。

非洲 1 个国家。由于数据收集的限制，非洲国家只能展示南非的研究生教育发展指数。南非（第 14 位）处于中间位置，南非的研究生教育发展速度相对较快。

（五）各国研究生教育发展趋势变化

研究生教育发展指数在 2014—2019 年的 6 年间，排名前十的国家不仅有高收入国家，还有中等收入的中国和印度。引人注目的是，中国在 2015 年反超德国，居世界第二位。这主要是由于德国研究生教育规模增长较慢而且缺失数据（如高等教育教师人数）。图 3-4 展示了 2014—2019 年 36 国研究生教育发展指数的排名变化。

四、世界主要国家研究生教育发展指数差异及分析

（一）世界研究生教育发展逐渐形成多极化格局，但区域差距仍然存在

研究生教育发展指数排名表明，多年来，研究生教育领先者的发展水平很高。2014—2019 年，研究生教育发展指数前 15 位排名依然稳定，美国连续 6 年稳居榜首。在指数排名的前 15 位中不仅有美国、德国、瑞典、加拿大、澳大利亚等高收入国家，同时也有中国、印度和南非等中等收入国家。在缩小发达国家与发展中国家之间的差距方面，中国已经迈出了具有象征意义的

	2014年	2015年	2016年	2017年	2018年	2019年
1	美国	美国	美国	美国	美国	美国
2	德国	中国	中国	中国	中国	中国
3	中国	德国	德国	德国	德国	德国
4	瑞典	瑞典	瑞典	瑞典	瑞典	瑞典
5	俄罗斯	加拿大	加拿大	加拿大	加拿大	加拿大
6	加拿大	印度	印度	印度	法国	法国
7	印度	法国	法国	法国	印度	印度
8	法国	奥地利	澳大利亚	澳大利亚	澳大利亚	澳大利亚
9	奥地利	丹麦	丹麦	丹麦	丹麦	丹麦
10	丹麦	澳大利亚	奥地利	奥地利	奥地利	奥地利
11	澳大利亚	英国	英国	英国	英国	英国
12	英国	爱尔兰	爱尔兰	爱尔兰	爱尔兰	爱尔兰
13	爱尔兰	瑞士	瑞士	瑞士	瑞士	瑞士
14	瑞士	南非	南非	南非	南非	南非
15	南非	以色列	以色列	以色列	以色列	以色列
16	以色列	芬兰	芬兰	芬兰	芬兰	芬兰
17	芬兰	俄罗斯	俄罗斯	新西兰	新西兰	新西兰
18	新西兰	新西兰	新西兰	葡萄牙	葡萄牙	葡萄牙
19	葡萄牙	葡萄牙	葡萄牙	俄罗斯	韩国	俄罗斯
20	韩国	韩国	韩国	韩国	俄罗斯	韩国
21	荷兰	荷兰	荷兰	荷兰	荷兰	荷兰
22	西班牙	智利	智利	智利	智利	智利
23	智利	西班牙	西班牙	西班牙	西班牙	西班牙
24	日本	日本	希腊	希腊	希腊	希腊
25	意大利	意大利	意大利	意大利	意大利	意大利
26	波兰	波兰	波兰	波兰	波兰	日本
27	希腊	希腊	日本	日本	日本	波兰
28	新加坡	土耳其	土耳其	土耳其	土耳其	土耳其
29	土耳其	新加坡	新加坡	新加坡	新加坡	新加坡
30	越南	越南	越南	越南	越南	越南
31	哈萨克斯坦	哈萨克斯坦	哈萨克斯坦	哈萨克斯坦	哈萨克斯坦	哈萨克斯坦
32	巴西	巴西	巴西	巴西	巴西	巴西
33	墨西哥	墨西哥	墨西哥	墨西哥	墨西哥	墨西哥
34	沙特阿拉伯	沙特阿拉伯	沙特阿拉伯	沙特阿拉伯	沙特阿拉伯	沙特阿拉伯
35	泰国	泰国	泰国	泰国	泰国	泰国
36	哥伦比亚	哥伦比亚	哥伦比亚	哥伦比亚	哥伦比亚	哥伦比亚

图 3-4 2014—2019 年研究生教育发展指数排名变化图

一步：成为研究生教育发展指数排名第二的发展中国家。

但是，与现实研究生教育环境的日趋平衡相反，研究生教育发展的区域差距仍然较大。大部分研究生教育水平较高的国家仍然是高收入国家，还有一部分是中等收入国家。低收入国家的研究生教育虽然取得了一定进展，但总体来看水平较低。

（二）中国研究生教育发展趋势向好

在测算的若干版本的研究生教育发展指数中，中国始终有着较好表现。自 2015 年起，中国超越德国，处于第二的位置。中国在研究生教育发展指数中的表现与根据其发展水平所做出的预测一致。值得注意的是，中国在充分度和贡献度指标中脱颖而出，尤其是在研究生教育发展规模、结构这些充分度指标上取得显著进步，追赶了发达国家。同时在研究生教育知识贡献、技术贡献和人才贡献上的表现也很抢眼，弥补了中国在保障度上的缺陷。目前，中国研究生教育发展仍保持良好势头。

（三）部分中低收入国家研究生教育发展潜力有待发掘

在研究生教育发展指数的排名中发现，一些中低收入国家的研究生教育发展潜力有待挖掘，与其他国家的研究生教育发展指数上的表现相比，这些国家未表现出稳步上升的趋势，例如巴西、智利、哥伦比亚、泰国和越南等国家。从现实情况可以明显看出，这些国家的政府、教育部门、高校等将研究生教育发展放在重要位置，但是研究生教育发展在短期内不可能发生突变，由于其中一些国家曾存在经济动荡等问题，研究生教育发展受到一定限制。这些国家的主要特点是经济发展方式单一，科技活动水平低，高度依赖政府资源或外部捐助发展研究生教育，学科和产业之间的联系有限，高校和研究机构对外部资源的吸纳能力较低，知识产权使用有限，社会环境对研究生教育发展的助力较少。

第二节　世界主要国家博士生教育发展指数研究

科学、技术和创新是人类应对全球性未知挑战，促进世界可持续性发展的关键因素，也是国与国之间激烈竞争并抢占世界发展制高点的核心动力。博士生教育是国民教育体系的顶端，是国家创新型人才战略储备的源泉，它在对博士生的科研训练过程中进行知识生产、推动社会进步、开拓与未来经济社会密切相关的新的研究领域、推动社会未来创新发挥着重要作用[1]。这引发了世界各国政府对博士生教育的重视。2015年在牛津大学召开的第二届博士生教育进展国际会议上发布的《牛津宣言》指出，"作为新知识、新观点及新方法的创造者，博士学位获得者们卓有智慧、能力非凡且多才多艺，他们能够成功进入宽广的职业生涯，为技能型劳动力形成做出了重要贡献，这对21世纪的知识经济时代尤为关键，必须受到充分认识和广泛宣扬"[2]。美国国家科学基金会在其发布的《研究生教育投资战略框架2016—2020》中指出："研究生教育在推进国家科学、工程研究中起核心作用。美国要维持在世

---

[1] OECD. Education at a glance 2019: OECD indicators [EB/OL]. (2023-04-05). https://www.oecd-ilibrary.org/docserver/f8d7880d-en.pdf?expires=1584090307&id=id&accname=guest&checksum=A9318BC58326E1D55A737EA0D2A6B788.

[2] 王传毅，赵世奎. 21世纪全球博士教育改革的八大趋势 [J]. 教育研究，2017(2).

界上的领先地位就必须在科学、技术、工程和数学（STEM）领域中居于领先位置。"[1]这些理念直接体现在世界各国在博士生教育投入上的快速增加，以及博士生教育规模的迅速扩大。以印度为例，与2013年相比，2017年印度R&D经费增长了45%[2]，在校博士生数增长了49.61%[3]。

20世纪90年代，面对全球知识经济的大浪潮，中国于1996年提出了科教兴国战略。此后，中国的博士生教育快速、积极发展，迎来了阳光明媚的春天。2000—2018年，我国博士生招生数、在校博士生数及博士学位授予人数分别增长了2.80倍、4.79倍和4.37倍[4]，中国成为世界上博士生教育发展速度最快的国家之一。然而，中国的博士生教育在规模和质量上还不能满足新时代国家战略发展的需求。为切实提升我国博士生教育的发展质量，需要构建世界主要国家博士生教育发展指数，以直观呈现国际博士生教育发展状态，为多元主体价值判断和科学决策提供客观依据。

一、博士生教育发展指数的内涵

博士生教育发展指数（doctoral education development index，DEDI）是指在一定区域和时间范围内博士生教育发展程度和趋势的状态。该内涵反映了博士生教育发展指数的三个基本属性，分别是空间属性、时间属性和状态属性。

---

[1] The National Science Foundation. The National Science Foundation strategic framework for investments in graduate education FY 2016-FY 2020 [EB/OL]. (2023-04-05). https://files.eric.ed.gov/fulltext/ED571829.pdf.
[2] 国家统计局社会科技和文化产业统计司，科学技术部战略规划司. 2019中国科技统计年鉴[M]. 北京：中国统计出版社，2019：269.
[3] Ministry of Human Resource Development, Government of India. All India survey on higher education 2018-19 [EB/OL]. (2023-05-11). https://mhrd.gov.in/.
[4] 见中华人民共和国教育部网站教育统计数据。

一是空间属性。空间属性是博士生教育发展指数的"参照系"。博士生教育发展指数可以分为不同的区域范围，它能反映系统要素及其结构的空间分布和延展。一般来讲，系统要素越具有普遍性，其涵盖的区域范围越广。与本科生教育、硕士生教育相比，博士生教育的共性更多，可比性更强。因此，博士生教育指数的区域范围可以指国际（如欧盟等）、各个国家或地区等宏观层次，国家下辖的行政区域等中观层次，也可指高校、学科、专业等微观层次。区域范围的大小直接影响博士生教育发展指数指标的选取。总体来看，区域范围越大，博士生教育发展指数指标数据粒度越大；区域范围越小，博士生教育系统的个性特征越明显，细化程度越高，数据粒度越小。

二是时间属性。时间属性是博士生教育发展指数的"时刻表"。时间是系统存在的基本属性，是呈现系统状态变化的时序因素。事物的状态一定是某个时间区间内的状态，离开时间系统状态将无所依附。当时间区间拉大或缩小，事物的发展状态会有所不同，有时可能是天壤之别，例如在初创时期和成熟时期，系统发展状态迥异。因此，当系统发展变化较慢时，可以选择较长的时间区间予以监测；当系统发展变化较快时，监测的时间区间应适当缩短，以免系统变动被拉平而造成一些重要的、关键性的差异被掩盖。博士生教育发展指数就是要反映特定时间区间内的博士生教育发展程度和趋势，其监测时间区间的选取可以有多种选择，并受到区域范围等多重因素的影响。

三是状态属性。状态属性是博士生教育发展指数的"核心体"。状态一般是指"表征物质系统所处的状况范畴，指在一定时间内一定的物质系统的存在方式或表现形态。"① 状态是人们感知、认识物质系统的基础，也是更好地理

---

① 高清海.文史哲百科辞典[Z].长春：吉林大学出版社，1988：385.

解、改进物质系统的前提。博士生教育发展状态即博士生教育系统要素及其相互关系在特定区域和时间内的存在方式和表现形式，其中，时间、空间是博士生教育系统存在状态与发展趋势的刻度，发展规模、发展条件和社会贡献等则是表征博士生教育发展状态的核心要素。博士生教育规模的扩大和发展条件的改善是博士生教育发展的前提和基础，博士生教育的社会贡献则是博士生教育发展的目的和成果的表现形式。当博士生教育发展的核心要素信息充足时，人们就能勾勒出博士生教育发展状态图谱。

博士生教育发展指数简单、明了，有助于人们理解和把握博士生教育发展状态，能帮助人们动态监测博士生教育发展程度并科学预测博士生教育发展趋势，对推动我国博士生教育的高质量发展，发挥其对国家发展战略、经济社会发展的支撑作用具有重要意义。

二、博士生教育发展指数模型的构建

从系统理论出发，研究提取博士生教育发展的三个核心要素：发展规模、发展条件和社会贡献，并在此基础上构建博士生教育发展指数模型。

（一）表征博士生教育发展的核心要素

马克思主义哲学认为，矛盾是事物发展的动力，在事物的诸多矛盾构成中，主要矛盾居于支配地位并对事物的发展起决定性作用。指数方法就是遵循这一原则，简洁、直观呈现复杂系统的发展状态。因此，构建博士生教育发展指数的首要工作就是要提取驱动或支撑博士生教育整体表现的核心要素，进而勾勒出博士生教育发展的大体轮廓和发展趋势，最终构建博士生教育发展指数模型。

从系统论视角来看，博士生教育发展不仅包含博士生教育内部系统的发展，也包括博士生教育内外部系统之间良性互动关系的建立。博士生教育系统发展模型见图 3-5。

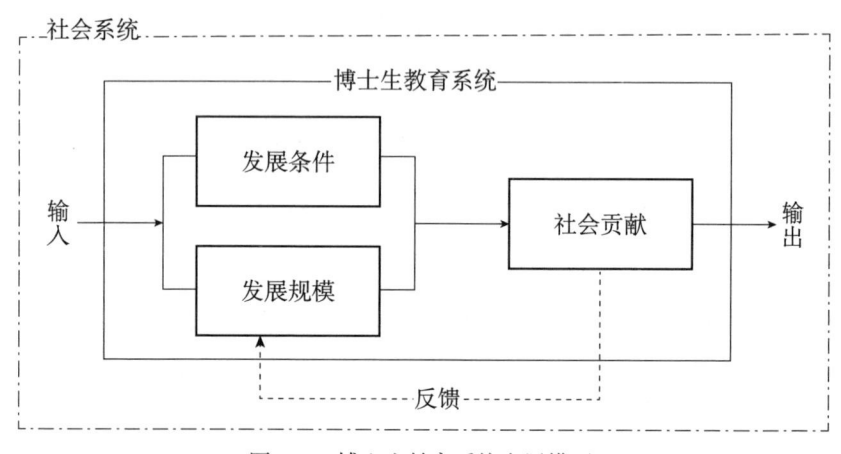

图 3-5　博士生教育系统发展模型

博士生教育系统是社会系统的一部分。在社会系统的支撑下，博士生教育系统获得发展条件同时拥有一定的发展规模（输入）。在发展条件和发展规模的共同作用下，博士生教育系统实现其对社会的贡献（输出）。这是一条完整的单向博士生教育发展输入－输出链条。在此基础上，博士生教育系统产生的社会贡献对博士生教育发展条件和发展规模提供反馈。当博士生教育系统对社会的贡献增加时，它会促使社会系统加大对博士生教育系统的投入，实现博士生教育系统发展条件的改善和发展规模的扩大；博士生教育系统发展条件的改善和发展规模的扩大又会继续增加博士生教育系统的社会贡献，最终实现一个良性发展闭环。反之，当博士生教育系统对社会的贡献减少时，博士生教育系统本身会出现发展停滞甚至倒退的现象。根据博士生教育系统发展模型，博士生教育发展的三大核心要素分别是：发展规模、发展条件和社会贡献。

第一，博士生教育发展规模（scale，简称 S）。唯物辩证法认为，量变和质变是事物发展的两种状态，一切事物的变化发展都是从量变开始的，量变是质变的前提和必要准备。当量变达到一定程度时会引起质变，事物不断地在量变和质变两种状态之间转换并实现由低级到高级、由简单到复杂的螺旋式发展。博士生教育量的积累直接地体现为博士生教育规模的扩大，博士生教育的发展须建立在一定规模的博士生教育基础之上。因此，没有博士生教育规模的扩大，就不可能有博士生教育质的飞跃。

第二，博士生教育发展条件（requirement，简称 R）。内因是事物变化发展的根据，外因是事物变化发展的条件，外因通过内因起作用。博士生教育条件主要指促进博士生教育发展的内、外部因素，主要包括人力、财力、物力三方面的投入。人力投入方面，主要指博士生导师、博士生教育行政管理人员、实验管理人员等；财力投入方面，主要指投资于博士生教育的实验设备、科学研究经费等；物力投入方面，主要指用于维持博士生教育系统运行的固定资产、教学设施、生活设施等。在三方面的投入中，财力的投入占据首位，它是确保其他投入的基础和前提。

第三，博士生教育的社会贡献（contribution，简称 C）。博士生教育的社会贡献是博士生教育的目的和成果的表现形式。博士生教育发展得越成熟，博士生教育对社会做出的贡献越大；博士生教育对社会做出的贡献越大，社会对博士生教育的认可度越高，从而为博士生教育发展提供更坚实有力的条件支撑。博士生教育的社会贡献主要体现为知识生产贡献和人力资本贡献，从博士生层面来看，不仅包含博士生在读期间的贡献，也包含博士毕业以后的贡献。

（二）博士生教育发展指数模型

根据博士生教育发展的核心要素，同时考虑到数据的可得性，本研究确定八个核心指标：在发展规模方面，选取注册博士生数、每百万人口注册博士生数两个指标；在发展条件方面，选取高校教师数、R&D 经费数以及世界一流大学数三个指标；在社会贡献方面，选取顶尖博士培养人数、五年累计授予博士学位人数及五年每百万人口授予博士学位人数三个指标。

研究设定博士生教育发展指数的取值范围为 1~10，共分为五种类型。其中 1~2，3~4，5~6，7~8，9~10 分别对应"成长度 1 型"、"成长度 2 型"、"成长度 3 型"、"成熟度 1 型"和"成熟度 2 型"，数值越高表明博士生教育发展状况越好，具体见表3-4。

表3-4 博士生教育发展指数模型

指数类型	指数取值范围	指数特征描述
成长度 1 型	1~2	博士生教育初创期：博士生教育发展规模小，发展条件支撑有限，博士生教育的社会贡献小
成长度 2 型	3~4	博士生教育发展初期：博士生教育发展规模有所扩大，发展条件有所改善，博士生教育的社会贡献有所提升
成长度 3 型	5~6	博士生教育发展中期：博士生教育发展规模不断扩大，发展条件持续改善，博士生教育的社会贡献增加明显
成熟度 1 型	7~8	博士生教育内涵式发展初期：博士生教育发展规模基本满足社会需求，发展条件良好，博士生教育的社会贡献度比较高
成熟度 2 型	9~10	博士生教育内涵式发展期：博士生教育发展规模稳定、发展条件优良，博士生教育的社会贡献度高

三、国际博士生教育发展指数的实证研究

（一）研究对象

本研究综合考虑各国在全球的政治、经济、军事等方面的影响力以及人口规模等因素，最终选取2013—2017年注册博士生数最多的15个国家作为研究对象[①]。根据联合国《人类发展报告2010》公布的发达国家和发展中国家名单[②]，15个案例国家中的美国、英国、德国、法国、日本、加拿大、澳大利亚、韩国、西班牙、波兰等10个国家属于发达国家，而中国、俄罗斯、印度、巴西、土耳其等5个国家属于发展中国家。

研究发现，一国的博士生教育规模与其在国际政治、经济、军事等方面的影响力高度相关。本研究选取的案例国家在全球政治、经济、社会等领域都具有举足轻重的地位：案例国家包含了全部的联合国安全理事会常任理事国，近1/3的经济合作与发展组织（OECD）国家。2018年，案例国家GDP占世界GDP总额的72.74%，人口占世界总人口的53.33%。与之相适应，案例国家不仅在博士生教育规模上拥有领先优势，而且是国际博士生教育影响力较大的国家。这15个国家的博士生教育发展水平呈现了全球博士生教育发展状态。因此研究、发布15国博士生教育发展指数对于监测全球博士生教育发展状态，制定我国博士生教育发展战略具有重要意义。

---

① 根据OECD数据库，按各国2013—2017年注册博士生数的平均数排序，选取排名前13位国家；除此之外还有中国和印度。中国注册博士生数用中国教育部教育统计数据中的在校博士生数代替，印度注册博士生数来源于印度人力资源开发部。

② UNDP. Human development report [EB/OL]. (2018-12-26). http://hdr.undp.org/en/content/human-development-report-2010.

实证研究所使用的数据主要来源于联合国教科文组织（UNESCO）数据库、世界银行（World Bank）数据库、OECD 数据库、软科世界大学学术排名（ARWU）、《2019 中国科技统计年鉴》，以及中国、印度、澳大利亚等国家教育部门官网等。

（二）计算方法

第一步，对各指标原始数据进行预处理。为解决各指标数据间量纲不同、数量级不同的矛盾，本研究首先对各指标原始数据取对数，并在此基础上采用线性规划法对数据进行处理，具体见公式（1）。

$$Z_{ij}=10 \cdot \frac{\ln(y_{ij})}{(\ln y_i)_{max}} \quad (1)$$

其中：Z_{ij} 为 i 国家第 j 项指标的标准得分；

y_{ij} 为 i 国家第 j 项指标的得分；

$(\ln y_i)_{max} = \max\{\ln(y_{ij}), i=1,\cdots,15\}$。

第二步，分别计算发展规模指数（S_i）、发展条件指数（R_i）和社会贡献指数（C_i）。具体见公式（2）（3）（4）。

$$S_i = W_{S1}*SD_i + W_{S2}*SDP_i \quad (2)$$

$$R_i = W_{R1}*RT_i + W_{R2}*RR_i + W_{R3}*RU_i \quad (3)$$

$$C_i = W_{C1}*CT_i + W_{C2}*CG_i + W_{C3}*CGP_i \quad (4)$$

其中：W 为权重；

S_i 为 i 国发展规模指数，SD_i 为 i 国注册博士生数得分，SDP_i 为 i 国每百万人口注册博士生数得分；

R_i 为 i 国发展条件指数，RT_i 为 i 国高校教师数得分，RR_i 为 i 国 R&D 经费数得分，RU_i 为 i 国世界一流大学数得分；

C_i 为 i 国社会贡献指数，CT_i 为 i 国顶尖博士培养人数得分，CG_i 为 i 国五年累计授予博士学位人数得分，CGP_i 为 i 国五年每百万人口授予博士学位人数得分。

第三步，计算博士生教育发展指数（$DEDI_i$）。具体见公式（5）。

$$DEDI_i = W_1 * S_i + W_2 * R_i + W_3 * C_i \qquad (5)$$

其中：$DEDI_i$ 为 i 国博士生教育发展指数；

W_1 为发展规模指数（S_i）的权重；

W_2 为发展条件指数（R_i）的权重；

W_3 为社会贡献指数（C_i）的权重。

（三）计算过程

1. 发展规模指数（S_i）

第一，注册博士生数。注册博士生数为各国 2017 年注册博士生总数。一般来讲，一个国家注册博士生数越多代表其博士生培养能力越强。

第二，每百万人口注册博士生数。每百万人口注册博士生数是各国一年注册博士生数与该国当年总人口数的比值再乘以一百万。

对注册博士生数、每百万人口注册博士生数两个指标的原始数据分别取对数，并进行线性变换，分别得到各国注册博士生人数得分（SD_i）和每百万人口注册博士生人数得分（SDP_i）。根据公式（2）等权重计算得出发展规模指数（S_i）。

2. 发展条件指数（R_i）

在博士生教育发展条件中，人力、财力、物力是最基本的表现形式。选取高校教师数、R&D 经费数以及世界一流大学数作为人力、财力、物力的表征指标。

第一，高校教师数①。博士生导师是确保博士生教育顺利开展至关重要的"人力"保障。就笔者目前掌握的数据资料来看，国际上并没有哪个数据库对各国博士生导师数予以统计，因此，本研究以各国2017年的高校教师数作为替代指标。

第二，R&D经费数②。在确保博士生教育顺利开展的条件中，经费是最重要的支撑条件和资本要素，R&D经费数通常被用于衡量一国研究经费的充足程度。本研究的R&D经费数指各国2017年R&D经费总额。

第三，世界一流大学数③。研究中的世界一流大学数为各国在2019年ARWU排名中排名前500的大学数。

分别对高校教师数、R&D经费数及世界一流大学数取对数，再利用线性规划法做相应的数据处理，得到各国高校教师数得分（RT_i）、R&D经费数得分（RR_i）以及世界一流大学数得分（RU_i）。根据公式（3）等权重计算得出发展条件指数（R_i）。

3. 社会贡献指数（C_i）

博士生教育的社会贡献主要体现在知识生产贡献和人力资本贡献两个方面。研究主要选取顶尖博士培养人数、五年累计授予博士学位人数、五年每百万人口授予博士学位人数作为表征指标。

---

① "高校教师数"取自 UNESCO 数据库中的 "Teachers in tertiary education programmes"。其中，加拿大2017年数据缺失，用2016年数据代替；法国数据缺失，用2013年数据代替；波兰数据来源于 OECD 数据库；中国数据来源于中国教育部教育统计数据中的高等教育学校（机构）教职工情况（总计）中的专任教师数；澳大利亚数据取自澳大利亚教育、技能和就业部（Australian Government Department of Education, Skills and Employment）中的 "actual staff FTE"。

② R&D 经费数取自《2019 中国科技统计年鉴》。

③ 世界一流大学数取自 ARWU。需特别说明的是，文中涉及的中国数据不含香港、澳门、台湾地区。

第一，顶尖博士培养人数。世界各国培养的顶尖博士是推动人类知识发展的重要力量。众所周知，诺贝尔奖和菲尔兹奖是举世公认的国际大奖，是对在世界知识生产和人类发展进步中做出卓越贡献的人才的表彰。研究追溯历年诺贝尔奖获得者[①]和菲尔兹奖获得者[②]的博士学位来源国家信息，将一国为这两项国际大奖获得者提供博士学位的人数作为该国对世界知识生产贡献的表征指标。在数据处理上，对各国培养的两大奖项获得者指标原始数据分别取对数和线性变换处理，并等权重求和获得各国顶尖博士培养人数得分（CT_i）。

第二，五年累计授予博士学位人数[③]。对博士学位提出"创新性"的具体要求是国际通行做法。从这个角度来看，授予博士学位人数即代表了各国博士生教育为社会人力资本做出的贡献程度。研究选取2013—2017年各国累计授予博士学位人数作为表征指标。

第三，五年每百万人口授予博士学位人数。每百万人口授予博士学位人数衡量的是一定时间内博士人才在社会人力资本中的占比。将2013—2017年各国累计授予博士学位人数除以2017年各国人口数再乘以一百万，得到五年每百万人口授予博士学位人数。

分别对顶尖博士培养人数、五年累计授予博士学位人数及五年每百万人口授予博士学位人数取对数，再利用线性规划法进行处理，得到各国顶尖博士培养人数得分（CT_i）、五年累计授予博士学位人数得分（CG_i）以及五年每百万人口授予博士学位人数得分（CGP_i）。根据公式（4）等权重计算得出社

[①] 研究团队对历年诺贝尔奖获得者博士学位来源国家进行了统计，统计时间为1901—2019年，统计对象为诺贝尔物理学奖、诺贝尔化学奖、诺贝尔生理学或医学奖、诺贝尔经济学奖四类。

[②] 研究团队对历年菲尔兹奖获得者博士学位来源国家进行了统计，统计时间为1936—2018年。

[③] 除中国和印度外，各国博士学位授予人数数据取自OECD数据库中的博士毕业生数。对OECD数据库中的缺失数据处理如下：巴西、波兰2013年数据缺失，分别按其2014—2017年年均增长率估算；日本2014年数据缺失，用日本2013年和2015年授予博士学位人数的平均值代替。

会贡献指数（R_i）。

4. 博士生教育发展指数（$DEDI_i$）

在发展规模指数（S_i）、发展条件指数（R_i）和社会贡献指数（C_i）的基础上，根据公式（5）计算博士生教育发展指数。研究采取等权重，即 W_1、W_2、W_3 均取值 1/3。

（四）结果与分析

经计算，得出世界主要国家博士生教育发展指数，见表 3-5。

表3-5　世界主要国家博士生教育发展指数

序号	国家名称	发展规模指数	发展条件指数	社会贡献指数	总指数	指数类型
1	美国	9.48	9.99	9.72	9.73	成熟度 2 型
2	德国	9.77	7.79	8.51	8.69	成熟度 1 型
3	英国	9.32	7.22	8.90	8.48	成熟度 1 型
4	法国	8.78	6.88	8.33	8.00	成熟度 1 型
5	日本	8.56	7.55	7.19	7.77	成熟度 1 型
6	俄罗斯	8.69	5.50	7.83	7.34	成熟度 1 型
7	加拿大	8.93	6.48	5.44	6.95	成长度 3 型
8	西班牙	9.08	5.98	5.22	6.76	成长度 3 型
9	中国	8.58	9.01	2.26	6.61	成长度 3 型
10	澳大利亚	9.23	5.56	4.92	6.57	成长度 3 型
11	韩国	9.06	6.71	2.71	6.16	成长度 3 型
12	巴西	8.58	5.82	3.48	5.96	成长度 3 型
13	土耳其	8.98	4.62	4.15	5.92	成长度 3 型
14	波兰	8.69	4.78	4.10	5.86	成长度 3 型
15	印度	7.76	4.76	1.77	4.76	成长度 2 型

1. 15 国博士生教育发展基本形成了世界博士生教育发展格局

15 个国家都是世界博士生教育的重镇，引领了世界博士生教育的发展。2017 年，15 个国家的注册博士生数共计 193.32 万人，是 OECD 国家注册博士生人数的 1.25 倍；2017 年，15 个国家的高校教师数共计 779.45 万人，占世界高校教师总数的 59.20%；2019 年，ARWU 排名前 500 的世界一流大学中，15 个国家有 375 所，占 500 强大学中的 75.00%；1901—2019 年，15 个国家在博士层次培养诺贝尔物理学奖、化学奖、生理学或医学奖及经济学奖获得者共计 570 人，占世界各国培养总数的 83.00%；1936—2018 年，15 个国家在博士层次培养菲尔兹奖获得者共计 51 人，占世界各国培养总数的 85.00%。由此可见，15 个国家的博士生教育发展在很大程度上代表了世界博士生教育发展的水平，深入分析 15 个国家的博士生教育发展状态对于监测国际博士生教育发展态势具有重要意义。

2. 发达国家与发展中国家的博士生教育发展差异显著

对照博士生教育发展指数模型，15 个国家的博士生教育发展分属于成熟度 2 型、成熟度 1 型、成长度 3 型和成长度 2 型四个类型。研究结果显示，发达国家与发展中国家之间存在较大差异。首先，发达国家位于世界博士生教育发展的顶端。美国、德国、英国、法国和日本等 5 个国家的博士生教育发展指数居世界前 5 位，尤其是美国，指数分值遥遥领先于世界各国。其次，发展中国家基本都属于博士生教育成长型国家，且指数分值整体较低。一是在发展中国家中，只有俄罗斯跻身成熟度 1 型国家，发展中国家的指数排名整体靠后。二是在 15 个国家中，印度博士生教育发展指数分值最低，是 15 个国家中唯一属于成长度 2 型的国家。发展中国家与发达国家之间的差距突出表现在社会贡献分值上，这主要是因为发达国家的博士生教育发展历史比发展中国家更加久远，而博士生教育的社会贡献更多是历史积累的结果。

3. 美国博士生教育发展水平最高，印度博士生教育发展水平最低但具有良好的发展趋势

结果显示，美国博士生教育发展指数得分最高，表明美国的博士生教育发展水平最高。综合分析发现，美国的博士生教育在发展规模、发展条件和社会贡献三个方面全面发展，实现了三者之间的良性互动。具体表现为美国的发展规模指数分值略低于德国，位居世界第二；美国的发展条件和社会贡献指数分值位居世界第一。深入分析发现，除了注册博士生数、高校教师数指标得分略低于中国以外，美国在R&D经费数、世界一流大学数、顶尖博士培养人数、五年累计授予博士学位人数四个指标上占绝对优势，分别是排在第二位国家的2.16倍、2.36倍、3.26倍和1.25倍。例如，2019年，在ARWU排名前500的世界一流大学中，美国的大学占近1/3；在世界各国博士层次培养的诺贝尔奖获得者中，美国的大学或机构占4/9；在各国博士层次培养的菲尔兹奖获得者中，美国的大学或机构占1/3。美国在世界博士生教育发展中发挥着引领示范作用。

印度的博士生教育发展指数分值最低，属于案例国家中唯一的成长度2型国家。综合分析，印度在注册博士生数、高校教师数及五年累计授予博士学位人数指标上得分较高，分别居15个国家中的第四位、第三位和第六位，但在每百万人口注册博士生数、R&D经费数、世界一流大学数、顶尖博士培养人数及五年每百万人口授予博士学位人数等指标上表现较差，分别位居15个国家的倒数第一、倒数第四、倒数第一和倒数第一。但是，印度博士生教育有良好的发展趋势。2013—2017年，印度的注册博士生数增长了49.61%，其增长率是中国的2倍；2013—2017年，印度的R&D经费数增长了45.00%，

其增长率接近中国。未来博士生教育发展中，印度将是一个不可小觑的力量，会有一个快速发展。

4. 中国博士生教育发展表现出一定的优势与明显的不足

通过国际主要国家博士生教育发展指数排名，我们把中国博士生教育发展指数与联合国其他四个常任理事国进行比较（见图3-6），总结出"一优势、两不足"。

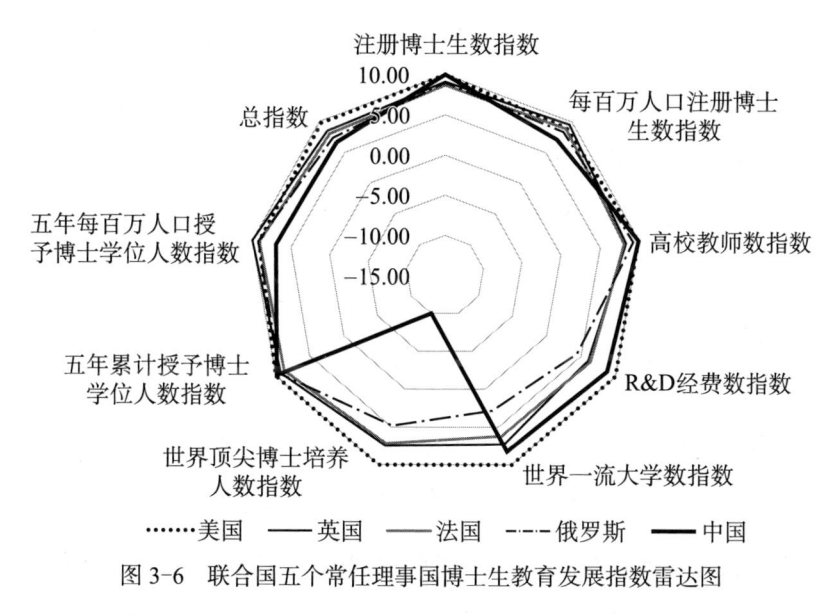

图3-6 联合国五个常任理事国博士生教育发展指数雷达图

优势方面，中国的博士生教育绝对发展规模和发展条件分值较高：中国的注册博士生数、R&D经费数、五年累计授予博士学位人数、世界一流大学数、高校教师数等指标得分高。不足方面，第一，中国博士生教育的相对发展规模较小，发展条件较差。中国在每百万人口注册博士生数、五年每百万人口授予博士学位人数等指标上与联合国其他四个常任理事国相比差距明显。例如，2017年，中国每百万人口注册博士生261人，俄罗斯、法国、美国、英国分别为687人、1 000人、1 080人和1 700人，中国仅占英国的15.35%；

再比如，中国五年每百万人口授予博士学位 197 人，法国、美国、俄罗斯、英国分别为 1 010 人、1 052 人、1 141 人和 2 014 人，中国仅占英国的 9.78%。第二，中国的顶尖博士培养人数得分最低，与其他四个国家相比差距显著。诺贝尔奖和菲尔兹奖获得者博士学位来源为中国、俄罗斯、法国、英国和美国的分别是 0 人、17 人、55 人、99 人和 323 人，中国尚未实现零的突破。这虽然是历史性因素导致的结果，但也为中国未来博士生教育的发展指明了方向。综合以上分析，研究建议：中国未来博士生教育发展要在保障和提高质量的前提下，扩大博士生教育发展规模，改善博士生教育发展条件，提升博士生教育的社会贡献能力和水平。中国博士生教育发展的不足多是历史原因造成的，未来中国的博士生教育发展将有很大的空间。

四、小结

本研究通过构建博士生教育发展指数模型，对世界上博士生教育规模最大且影响力最大的 15 个国家进行了实证分析。研究结果显示：一是 15 个国家的博士生教育发展基本形成了世界博士生教育发展格局，这 15 个国家是世界博士生教育发展的重镇，是引领世界博士生教育发展的主要力量；二是各国的博士生教育发展水平同其经济发展水平相匹配，发达国家与发展中国家的博士生教育发展差异显著；三是美国博士生教育发展水平最高，印度的博士生教育发展指数分值最低，但其具有良好的发展势头；四是中国的博士生教育发展具有一定的优势与明显的不足。

博士生教育发展指数的实证研究充分验证了博士生教育发展指数模型的合理性、可行性，同时展示出博士生教育质量指数的广阔的发展空间。伴随着经济、政治、社会等各项事业的高速发展,我国的博士生教育经历了跨越式的发展。站在新的历史起点,展望未来,我们应加快总结国内外博士生教育发展经验,明晰我国博士生教育发展中的"卡脖子"问题,同时科学描绘未来我国博士生教育发展图景,加快建设研究生教育强国。

第三节　我国专业学位研究生教育质量指数实证研究

研究生教育是我国最高层次的教育,承担着高层次创新型人才培养的任务。1990 年国务院学位委员会第九次会议审议通过的《关于设置和试办工商管理硕士学位的几点意见》设立了我国第一个专业学位①,三十多年来国务院学位委员会先后批准设立了几十种专业学位。自 2009 年以来我国面向应届毕业生招收全日制专业学位研究生开始,专业学位硕士研究生的招生数量不断增长,2017 年全国研究生招生共计 80.63 万人,专业学位研究生招生人数超过研究生招生总人数的 50%②。专业学位研究生教育已成为我国研究生教育层次的主体类型。

随着专业学位研究生体量不断扩展,对于专业学位研究生教育质量的评价愈发重要③。2017 年 1 月,教育部、国务院学位委员会制定的《学位与研究生教育发展"十三五"规划》指出:"开展研究生教育大数据分析,加强对研究生教育质量监测与调控。"专业学位研究生在教育目的、教育方式、审核结

---

① 黄宝印,唐继卫,郝彤亮.我国专业学位研究生教育的发展历程 [J].中国高等教育,2017(2).
② 以上数据来自教育部 2009—2017 年《全国教育事业发展统计公报》。
③ 张东海.专业学位研究生学习需求的调查研究 [J].研究生教育研究,2019(1).

业等方面与传统的学术型研究生存在很大不同，因此专业学位研究生教育质量评价方式也不应与学术型研究生完全一致。限于评价机制的不完整和专业学位研究生教育质量数据的可得性，关于专业学位研究生的教育质量研究相对较少。基于此构建反映我国专业学位研究生特点的教育质量指数，并将此指数应用到专业学位研究生教育管理实践中就显得十分重要。

一、专业学位研究生教育质量内涵

"教育质量"一词在《教育大辞典》中被解释为：教育水平高低和效果优劣的程度，其主要受到教育制度、教学计划、教学内容、教学方法、教学组织形式和教学过程的合理程度影响；同时教师的素养，学生的基础以及师生参与教育活动的积极性、主动性也是影响教育质量的重要因素[1]。在《中国学位与研究生教育发展战略报告》中，"研究生教育质量"被界定为"研究生教育系统所提供的服务满足社会需要的程度"[2]。虽然这个定义比较笼统、宽泛，但其反映了研究生教育质量的核心内容，即满足社会各阶层利益相关者发展的需要[3]。虽然学界对专业学位研究生教育质量的内涵尚未形成较为一致的认识，但是学者们往往围绕以下三点对专业学位研究生教育质量进行概括：第一，满足高等教育研究生层次学术需要；第二，满足社会、企业对各行业专业技能人才的需求；第三，满足受教育者自身教育、自

---

[1] 顾明远. 教育大辞典 [M]. 上海：上海教育出版社，1998.
[2] 《中国学位与研究生教育发展战略报告》编写组. 中国学位与研究生教育发展战略报告 [J]. 学位与研究生教育，2002(6)：15-20.
[3] 焦磊，郭瑞迎. 全日制专业硕士教育专业实践绩效管理机制研究 [J]. 研究生教育研究，2018(5).

我实现和发展的诉求。下面对国内外专业学位研究生教育质量研究进行梳理，以便为构建专业学位研究生教育质量指数打下基础。

国外学者对于专业学位（professional degree）教育质量的研究往往基于特定的领域采取针对性分析。米娜·萨尔米宁－卡尔森（Minna Salminen-Karlsson）和莱利莫尔·沃尔格伦（Lillemor Wallgren）以工业研究型高校中的专业学位研究生为样本，通过与工业技术型导师、学术型导师以及多名学生关于"双导师"合作培养问题的访谈，认为双导师合作对专业学位研究生的发展具有至关重要的促进作用。迈克（Mike）和玛丽（Alyson Mary）以蒙大拿州立大学（Montana State University）科学教育学硕士为例，探讨了该专业学位的混合学习模式（blended learning model），包含远程课程学习、学术领域研究等[①]。安德列·弗兰克（Andrea Frank）、德特勒夫·库尔斯（Detlef Kurth）和伊莎贝拉·米罗诺维茨（Izabela Mironowicz）以城市、区域和空间规划为例，探讨了专业学位课程质量保证与专业认证的途径与实践，并比较了英国等其他国家的实践方式[②]。

国内对于专业学位教育质量评价的研究主要立足于两个方面：第一，基于专业学位研究生职业性和实践性的教育质量影响因素研究。第二，关于提升专业学位研究生教育质量举措之研究。杨启亮论述了教育硕士在实践教学中存在的职业导向性较弱等问题，指出专业学位研究生办学应超越功利性，

---

① MIKE, MARY A. Determining the impact on the professional learning of graduates of a science and pedagogical content knowledge-based graduate degree program[D].Bozeman: Montana State University, 2010.

② FRANK A, KURTH D, MIRONOWICZ I. Accreditation and quality assurance for professional degree programmes:comparing approaches in three European countries [J].Quality in higher education, 2012(1).

教学方法应面向职业性[1]。张小波本着系统性原则、有效性原则、可操作性原则，介绍了以投入和产出指标评价教育质量的评价体系，其中投入指标包含师资（人力）、财力资源、物质资源，产出质量指标体系包含人才培养和科研产出[2]。钟振国论述了专业学位在招生考试、课程教学、校企联合培养、职业资格对接、质量评价、专业化水平等方面的改进措施[3]。柯江林、姚兰芳和王建民基于"双因素理论"构建了国内一流大学战略人才发展指数，并通过实证检验的方式验证了理论指数的可行性[4]。王战军、唐广军基于国家层次的研究生教育质量状况，从投入、产出、结构化、国际化、满意度等五个维度衡量研究生教育质量[5]，并进一步从治理主体多元化、治理权责一致化、治理重心基层化、治理机制常态化等方面提出了优化和完善专业学位研究生教育质量保障体系的政策建议，指出未来应进一步加强专业学位研究生的质量文化建设[6]。

以上研究从不同角度评价专业学位教育质量状况，综合来看主要集中在：导师指导形式、教学模式、职业性实践、满意度评价等方面。有学者基于教育投入和教育产出的视角衡量专业学位研究生教育状况，本研究继续深入，以过程管理（process management）为指导，构建基于投入指数和产出指数的专业学位研究生教育质量总指数。

---

[1] 杨启亮.教育硕士专业学位教育实践中的问题与解释[J].教育发展研究，2005(11).
[2] 张小波.基于综合评价的研究生教育质量效率指数研究：对"985工程"一期34所高校的实证分析[J].中国高教研究，2013(9).
[3] 钟振国.全日制专业学位研究生教育质量保障机制构建的路径[J].教育理论与实践，2015，35(24).
[4] 柯江林，姚兰芳，王建民.国内一流大学战略人才发展指数构建与检验[J].中国高教研究，2016(6).
[5] 王战军，唐广军.研究生教育质量指数构建研究[J].学位与研究生教育，2017(12).
[6] 唐广军，王战军.专业学位研究生教育质量保障体系优化研究[J].高等工程教育研究，2017(5).

二、专业学位研究生教育质量指数构建

（一）指数评价视角构建

过程管理理论认为，过程的任务在于将输入转化为输出，并获得增值。专业学位研究生教育质量的增值是对教育过程的期望，为了获得稳定和最大化的增值，应当建立过程的测量指标，以观测教育质量及其增值效应。本研究提出从专业学位投入充分度、产出充分度、投入产出优化度、高教育质量度来衡量专业学位教育质量发展状况。投入充分度指专业学位投入指数是否高于特定常模，同理产出充分度指产出指数是否高于特定常模，投入产出优化度指产出指数是否高于投入指数，高教育质量度指专业学位教育质量总指数是否高于特定常模，如表3-6所示。四个评价视角从不同角度衡量专业学位研究生教育质量的整体状况及增值效应。

表3-6 专业学位教育质量指数四个评价视角

维度	投入充分度	产出充分度	投入产出优化度	高质量教育度
表达式	$T-T\$$	$C-C\$$	$T-C$	$P-P\$$

表 3-6 中，T 表示投入指数，$T\$$ 表示特定投入常模，做差（$T-T\$$）得到了投入充分度（下同）；C 表示产出指数，$C\$$ 表示特定产出常模；P 表示教育质量总指数，$P\$$ 表示特定教育质量常模。

（二）指数评价指标构建

就专业学位研究生教育质量指数中具体的构建指标而言，专业学位与学术学位在教育目的、培养方式等方面存在明显区别，因此评价指标应强调专业学位的特殊性。陈谷纲和陈秀美在对比专业硕士和学术硕士时提出专业学

位"外适性质量观"的概念,即面向应用的专业学位研究生实践培养,但不应忽视"内适性质量观",即学生符合研究生层次学术上的要求[①]。基于此思路,本研究认为专业学位研究生教育应具有"内部适应性"和"外部适应性"的"双适性"特征。内部适应性指专业学位研究生教育归属于研究生学历层次教育,因此应具备研究生教育层次对应的学术能力,外部适应性指专业学位研究生具备特定行业企业所需的实践能力。根据专业学位教育的培养目标,为特定行业企业培养能够创造性地从事实际工作的人才,是专业学位区别于学术学位的根本特征。

基于以上原则,本研究拟从专业学位研究生导师指导、实践教学、毕业成果应用、就业状况、总体满意度等多个维度衡量专业学位研究生教育质量,具体指数构建见表3-7,具体指标说明见表3-8。

表3-7 专业学位研究生教育质量指数

总指数	一级指数	二级指数	基础指标	编码
专业学位研究生教育质量指数(PGEQI)	投入指数(T)	教学培养指数(T1)	双师型指导	T1(1)
		实践培养指数(T2)	案例教学	T2(1)
			实践基地可得性	T2(2)
			校内外基地数量	T2(3)
			校内外基地实习时间	T2(4)
			参加校内外基地实践比例	T2(5)
			校内外基地评价	T2(6)
	产出指数(C)	成果产出指数(C1)	毕业成果应用性	C1(1)
		胜任力指数(C2)	能力提升幅度	C2(1)
		就业质量指数(C3)	高质量就业	C3(1)
			工资收入	C3(2)
			对口就业的学生工资收入	C3(3)
			就业机会	C3(4)
		满意度指数(C4)	总体教育评价	C4(1)

[①] 陈谷纲,陈秀美.专业学位研究生教育的质量观[J].学位与研究生教育,2006(7).

表3-8 专业学位研究生教育质量指数具体指标说明

基础指标	详细说明
T1（1）	具有"校内外导师组"指导，或"对专业学位对应行业了解程度高的校内导师（组）"指导的比例
T2（1）	学生对案例教学实施情况评价高的比例。学生对案例教学实施情况评价高是指在李克特式5级量表下，"教师案例教学水平""案例教学形式（方式、过程）""案例教学在课程教学中所占比重""本土案例在案例教学中所占比重""案例针对性""案例库建设""案例教学校内条件""案例教学校外实践机会""教师参与案例教学的积极性""教师所编写或指导编写的新案例的质量"等10个观测指标的平均得分值大于3
T2（2）	是否已经为学生提供进入校内外实践基地的机会
T2（3）	学校提供给专业学位研究生可供选择的校内外实践基地数量
T2（4）	学生去校内固定的实践基地实践或去学校联系（指定安排）的实践基地实践的最长实践时间（单位：月）
T2（5）	学生主要参加的专业实习实践中"进入校内或校外基地实践"所占的比例
T2（6）	学生对实践基地整体质量评价高的比例，即李克特式5级量表下选择"质量比较高"和"质量非常高"的比例
C1（1）	论文、设计、报告、产品、方案等形式毕业成果的实际应用情况属于"已在现场实施，有一定效果和实践应用价值"、"已解决了实际问题，取得较好效果"或"已解决了实际问题，产生了经济效益，效果显著"
C2（1）	学生工具型能力（N1）、逻辑思维能力（N2）、人际交往能力（N3）和综合素质（N4）四类就业能力的综合提升比例
C3（1）	国家视角[1]（观测指标为直接就业率）、社会视角（观测指标为社会需求符合度）、企业视角（观测指标为学历匹配度、能力匹配度、专业匹配度）、高校视角（观测指标为高校忠诚度、专业学位忠诚度）和学生视角[2]（观测指标为就业满意度、职业与期望符合度、收入期望达成度、工作对未来职业发展重要性）的综合就业质量百分比
C3（2）	在就职单位转正后的每月（包括奖金等）税前薪酬
C3（3）	学生毕业后所从事工作的行业与原来所学专业学位是否匹配
C3（4）	学生在获得专业学位后的初次就业中总共获得的工作机会数量
C4（1）	学生在专业学位学习过程中对校内外导师、课程教学、培养、实践等整体的满意度

[1] 马永红，于苗苗，袁文婧，等.基于多塔结构的专业硕士高质量就业研究[J].国家教育行政学院学报，2018(8)：33-40.

[2] 于苗苗，马永红，包艳华.多重视角下的专业硕士就业质量状况：基于"2015年全国专业硕士调研"数据[J].中国高教研究，2017(2)：69-74.

三、我国专业学位研究生教育质量指数的数据来源

本研究以 2017 年"第四次全国专业硕士体验调研"全日制非定向专业学位研究生调研数据为支撑，尝试构建专业学位研究生教育质量指数。

（一）样本说明

"第四次全国专业硕士体验调研"共计回收 7 322 份全日制非定向专业学位研究生的问卷，其中"双一流"大学样本占 18.1%，"一流学科建设"高校样本占 25.9%。以北京市、上海市、天津市、重庆市、四川省、山西省、陕西省、云南省、广东省、福建省、浙江省等 11 个省（市）[①]共计 3 945 份全日制专业学位研究生的数据作为研究样本，占全国全日制非定向专业学位研究生调研总量的 53.9%。

（二）指数计算

本研究采用专业学位研究生各指标的原始值和标准化后的相对值进行指数计算。专业学位研究生指标的原始值指的是经过调研收集到的专业硕士各项指标数据。需要说明的是，双师型教师指导、案例教学、实践基地可得性、参加校内外基地实践比例、校内外基地评价、毕业成果应用性、能力提升幅度、高质量就业、总体教育评价等 9 项指标都是采用百分比计算。如表 3-9 和表 3-10 所示，分别是 11 省（市）全国专业学位对应的原始值和相对值，专业学位指标相对值是以调研的全国专业学位研究生对应指标均值为常模，将各个省（市）的原始指标经过标准化处理得出各省对应的数据。投入、产

---

① 考虑到各省（市）指标差异很大，下文 11 个省（市）用字母 A、B、C 等表示。

出指标标准化公式如下：

$$\frac{T_i(j)}{\triangle T_i(j)}=\frac{Q_i(j)}{100} \quad \frac{C_i(j)}{\triangle C_i(j)}=\frac{P_i(j)}{100} \quad i=\{1,2,3,4\} \; j=\{1,2,3,4,5,6\}$$

其中，$T_i(j)$、$C_i(j)$ 表示样本投入、产出指标的原始值，$\triangle T_i(j)$、$\triangle C_i(j)$ 分别表示标准化后样本投入、产出指标的相对值，$Q_i(j)$、$P_i(j)$ 分别表示调研的全国专业学位投入、产出的平均值。通过已确定专业学位各指标的原始值，以全国平均水平为常模（投入和产出指标都为100），计算出以上各项指标标准化后的数值，结果如表3-9和表3-10所示。

表3-9　各省（市）专业学位各投入指标原始值（相对值）

省（市）	$T1(1)$ ($\triangle T1_{(1)}$)	$T2(1)$ ($\triangle T2_{(1)}$)	$T2(2)$ ($\triangle T2_{(2)}$)	$T2(3)$ ($\triangle T2_{(3)}$)	$T2(4)$ ($\triangle T2_{(4)}$)	$T2(5)$ ($\triangle T2_{(5)}$)	$T2(6)$ ($\triangle T2_{(6)}$)
A	**0.92(108)**①	0.83(99.3)	0.44(82.3)	2.66(82.8)	7.62(76.2)	0.13(53.1)	0.45(85.4)
B	0.87(102.5)	0.75(89.8)	0.43(80.6)	3.39(105.4)	11.51(115.1)	0.22(86.6)	0.46(86.0)
C	0.88(104)	0.80(95.1)	0.63(118.8)	**4.87(151.7)**	7.18(71.9)	0.36(145.1)	0.48(90.8)
D	0.88(104)	0.79(94.7)	0.55(103.8)	4.49(139.7)	9.67(96.7)	0.21(82.5)	0.51(96.7)
E	0.90(106.6)	**0.87(103.3)**	0.44(83.8)	3.65(113.5)	5.60(56.0)	0.19(75.1)	0.46(86.7)
F	0.84(98.5)	0.76(90.2)	0.39(73.3)	2.87(89.4)	7.96(79.7)	0.12(47.1)	0.39(72.7)
G	0.90(105.8)	0.80(95.6)	0.44(83.2)	3.83(119.3)	10.07(100.8)	0.21(82.4)	0.48(90.2)
H	0.87(112.3)	0.79(94.2)	0.60(113.7)	2.50(77.9)	**13.66(136.6)**	0.31(124.7)	0.49(93)
I	0.83(98.1)	0.84(100.1)	**0.71(134.6)**	3.00(93.2)	13.40(134.1)	0.51(202.8)	**0.63(118.1)**
J	0.89(104.7)	0.82(98)	0.48(90)	1.97(61.3)	5.22(52.2)	**0.66(264.9)**	0.56(106.2)
K	0.89(105.3)	0.86(102.6)	0.49(91.6)	2.23(69.3)	13.08(130.9)	0.22(88.6)	0.59(111.2)
常模	0.85(100.0)	0.84(100.0)	0.53(100.0)	3.21(100.0)	9.99(100.0)	0.25(100.0)	0.53(100.0)

注：加粗的数值表示此列指标中的最大值（下同）。

102 研究生教育指数：理论与实证

表3-10 各省（市）专业学位各产出指标原始值（相对值）

省（市）	$C1(1)$ $(\triangle C1_{(1)})$	$C2(1)$ $(\triangle C2_{(1)})$	$C3(1)$ $(\triangle C3_{(1)})$	$C3(2)$ $(\triangle C3_{(2)})$	$C3(3)$ $(\triangle C3_{(3)})$	$C3(4)$ $(\triangle C3_{(4)})$	$C4(1)$ $(\triangle C4_{(1)})$
A	0.61(97.6)	0.16(96.3)	0.83(100.5)	9 441(123.5)	9 862(131.7)	3.45(129.6)	0.84(103.6)
B	0.60(97.4)	0.17(101.6)	0.77(93.3)	5 211(68.2)	5 303(70.8)	2.26(85.0)	0.78(96.3)
C	0.55(89.4)	0.16(94.7)	0.83(100.3)	7 986(104.5)	7 857(105.0)	2.74(103.0)	0.82(100.9)
D	0.61(97.8)	0.18(108.2)	0.82(99.0)	8 756(114.5)	8 274(110.5)	2.65(99.3)	0.83(101.4)
E	0.64(103.2)	0.15(85.8)	**0.87(105.2)**	5 802(75.9)	5 706(76.2)	**3.55(133.2)**	**0.87(106.6)**
F	0.66(106.3)	0.15(89.2)	0.76(91.7)	9 223(120.6)	9 786(130.7)	1.60(60.1)	0.78(95.4)
G	0.57(92.5)	0.13(76.5)	0.83(100.3)	**11 662(152.5)**	**12 298(164.3)**	2.67(100.2)	0.82(101.2)
H	0.70(112.3)	0.16(96.6)	0.76(92.7)	5 617(73.5)	5 652(75.5)	2.41(90.6)	0.78(95.6)
I	**0.79(128.0)**	0.21(122.7)	0.83(100.6)	4 541(59.4)	4 390(58.7)	2.06(77.3)	0.83(101.4)
J	0.70(112.2)	**0.23(134.3)**	0.77(93.7)	10 038(131.3)	11 042(147.5)	2.33(87.4)	0.87(106.6)
K	0.65(105.6)	0.20(117.2)	0.83(100.1)	4 816(63.0)	4 939(66.0)	1.56(58.6)	0.83(102.0)
常模	0.62(100.0)	0.17(100.0)	0.83(100.0)	7 645(100.0)	7 486(100.0)	2.66(100.0)	0.81(100.00)

四、我国专业学位研究生教育质量指数的测度结果

经过指数计算，投入指数高于全国平均投入水平（100）的省（市）有：I省（114.31）、J省（111.04）、C市（108.09）、H省（104.78）、D市（103.14）、K省（102.14）、G省（100.51），这些省（市）在专业学位投入方面是比较充分的；产出指数方面，高于全国平均产出水平（100）的省（市）包括：J省（114.13）、I省（106.61）、A市（104.71）、D市（103.29），表明这些省（市）专业学位研究生产出成果方面比较突出。

由以上各项投入指标$\triangle T_i(j)$和产出指标$\triangle C_i(j)$经过算数平均，计算出11个省（市）所对应的各二级指数：教学培养指数（$T1$）、实践培养指数

（$T2$）、成果产出指数（$C1$）、胜任力指数（$C2$）、就业质量指数（$C3$）、满意度指数（$C4$），结果如表3-11所示。其中教学培养指数A市（108.0）最高，实践培养指数I省（130.5）最高，成果产出指数同样也是I省（128.0）最高，胜任力指数J省（134.3）最高，就业质量指数G省（129.3）最高，教育满意度指数J省（106.6）最高。基于以上各二级指标，计算出各省（市）专业学位投入指数（T）和产出指数（C），投入和产出指数能够反映各省（市）专业学位研究生教育投入和产出情况，最终得出了专业学位研究生教育质量指数（PGEQI）。

表3-11 各省（市）各级指数情况

省（市）	$T1$	$T2$	$C1$	$C2$	$C3$	$C4$	T	C	PGEQI（5:5）[①]
A	**108.0**	79.8	97.6	96.3	121.3	103.6	93.9	104.7	99.3
B	102.5	93.9	97.4	101.6	79.3	96.3	98.2	93.7	95.9
E	106.6	86.4	103.2	85.8	97.6	106.6	96.5	98.3	97.4
K	105.3	99.0	105.6	117.2	71.9	102.0	102.1	99.2	100.7
C	104.0	112.2	89.4	94.7	103.2	100.9	108.1	97.1	102.6
F	98.5	75.4	106.3	89.2	100.8	95.4	86.9	97.9	92.4
G	105.8	95.2	92.5	76.5	**129.3**	101.2	100.5	99.9	100.2
D	103.9	102.4	97.8	108.2	105.9	101.4	103.1	103.3	103.2
H	102.9	106.7	112.3	96.6	83.1	95.6	104.8	96.9	100.8
I	98.1	**130.5**	**128.0**	122.7	74.0	101.8	**114.3**	106.6	110.5
J	104.7	112.1	112.2	**134.3**	115.0	**106.6**	111.0	**114.1**	**112.6**
常模	100.0	100.0	100.0	100.0	100.0	100.0	100.0	100.0	100.0

注：PGEQI（5:5）指按照投入指数和产出指数各50%进行加权平均。

在投入指数（T）方面，11个省（市）中7个省（市）投入充分（投入指数高于全国平均投入指数），表现出了这些省（市）较高的专业学位研究生教育投入水平，但仍有4个省（市）投入水平低于全国均值，分别是A市、F省、B市、E省。在产出指数（C）方面，有4个省（市）达到了产出充分，分别是A市、D市、I省、J省，7省（市）产出指数低于全国平均水平。

综合投入指数和产出指数来看，达到投入产出优化（产出指数高于投入指数）的省（市）共有5个，分别是A市、D市、J省、E省和F省，表明这些省（市）基于以上指标的测试，在较少的资源投入下得到了较高的教育产出成果，相对而言以上省（市）具有较高的投入产出效率。

高教育质量指数代表了某省（市）专业学位研究生教育质量指数高于全国平均水平（100），11省（市）中有7个省（市）具有较高教育质量指数，分别是J省（112.6）、I省（110.5）、D市（103.2）、C市（102.6）、H省（100.8）、K省（100.7）、G省（100.2）。值得注意的是D市和J省在测度的投入充分度、产出充分度、投入产出优化度等方面都达到较高水平。

五、小结

图3-7是对11个省份投入、产出的充分度和优化度，以及高教育质量度进行的图形量化，将投入指数、产出指数分别与全国常模（100）做差得到了各省（市）投入和产出充分度等方面的柱状图。将投入指数和产出指数做差得到投入产出优化度，将专业学位教育质量指数和全国平均水平做差得到各省（市）高教育质量度。显然，这四项数据的柱状图正向方向越突出说明专业学位教育质量越好，负向方向越突出说明专业学位教育质量越差，四项数据具有表征上的一致性。能够看出相比其他各省（市），陕西和福建两省各指标在正方向上更加突出，表明这两省专业学位发展情况整体较好，而天津市、

黑龙江省、山西省、浙江省和云南省在负方向突出较多，说明其投入和产出效率仍有待提升。

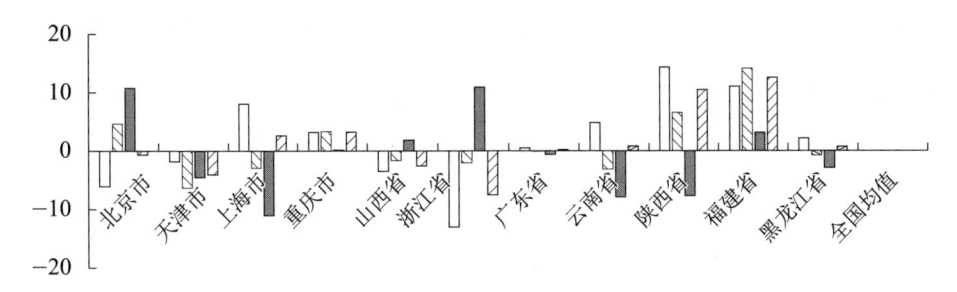

图 3-7 专业学位研究生教育投入、产出柱状分析图

其中，天津市四项数据都在负方向上，较突出的是产出充分度和投入产出优化度，说明天津市的专业学位研究生教育产出上的不充分是影响其专业学位教育质量的主要原因，因此相比增加投入而言，天津市更应该在提升专业学位研究生产出质量上进行努力；与之相反，北京市在投入充分度低于全国平均水平的基础上，产出充分度明显高于全国平均水平，因此投入上的不充分影响了北京市专业学位研究生教育整体质量；山西省、浙江省有三项数据在负方向上突出，分别是投入充分度、产出充分度和高教育质量度，而投入产出优化度在正方向上突出，这说明虽然在投入和产出上山西省和浙江省都不充分（低于全国投入、产出均值），但其投入不足的问题更加明显，因此增加专业学位研究生的投入更为重要；上海市、云南省、黑龙江省、广东省情况比较类似，投入充分度高于全国平均水平，但是产出充分度反而低于全国平均水平，投入产出优化度很低，因此提高专业学位产出质量，提升投入产出优化度是这些省（市）专业学位研究生教育质量的可改进之处。

本研究结合专业学位研究生教育质量发展的现状，基于过程管理理论提出了构建专业学位研究生教育质量指数的原则及具体指标体系，以 2017 年专业学位研究生教育体验调研的数据为支撑，以 11 省（市）全日制专业学位研究生教育为样本，检验了所构建的专业学位研究生教育质量指数（PGEQI）。此指数侧重从投入和产出两个大的维度阐述不同省（市）专业学位发展的状况，能够清晰反映不同省份在教学培养指数、实践培养指数、成果产出指数、胜任力指数、就业质量指数、满意度指数等六个二级指数存在的差异，并且通过对 11 个省（市）投入产出指数分析，明晰了不同省（市）专业学位发展存在的主要问题，表明此指数具有较好的可操作性，适用于测度地域间、高校间专业学位研究生教育质量状况。

此指数在构建过程中仍然存在一些局限。例如，不同省份专业学位研究生教育各有特色，对于不同指标的权重设计也不应完全相同，并且对于专业学位研究生教育质量的投入指数和产出指数有的学者也尝试了 2∶8 的权重计算方法，即投入指数占比 20%，产出指数占比 80%，此种算法更加强调产出指标对于专业学位研究生教育质量的重要性。

第四章 研究生教育质量评价的国际案例研究

　　进入 21 世纪以来，各国综合国力竞争不断加剧，研究生教育如何和国家发展战略对接，如何更好协同规模、质量、结构、效率的关系，如何更好提升研究生教育质量，促进经济社会稳定可持续发展，逐渐成为各国发展研究生教育的主要议题，伴随而来的是研究生教育评价新理念的产生和发展。研究生教育是一个国家教育体系的制高点，发展研究生教育是很多国家实施创新驱动发展和提高国际竞争力的战略选择。由于认识到研究生教育的重要战略地位，许多国家都积极地采取措施提高研究生教育质量，完善研究生教育评价体系和质量监控体系。有什么样评价指挥棒，就有什么样的办学导向。研究生教育质量保障是由政府、培养单位及其他利益相关者共同参与的质量管理活动，研究生教育评价作为质量保障的诸多组成部分中基础而重要的环节之一，其作用主要包括导向作用、监督作用、筛选作用、管理作用，能够为调动各方有序参与、合理完善责权分配，推动质量保障机制产生效用提供参考依据。此外，研究生教育评价对质量保障的重要意义还在于，它本身就是质量保障的基本路径，在质量保障机制中发挥着既是实现路径又是利益调节阀的关键作用。不同国家研究生教育评价体系的评价目的、评价范围、评价组织方和评价力度均有所差异。

纵观世界，国际上主要研究生教育大国都在不断进行评价理念的完善与模式的改革创新，本章主要围绕美国、英国、德国和法国等发达国家的研究生教育评估情况进行简要阐述，并选取代表性国家的研究生教育质量的评价实践开展案例分析。

第一节　欧洲国家研究生教育质量评价

学位教育是高等教育体系的重要组成部分，它的质量是人们关注的焦点。尽管各国对学位教育质量评价制度有不同的规定，但都认同研究生教育质量评价对培养高层次人才、提高国家竞争力和提升国际影响力有着重要意义。近年来，随着世界各国对研究生教育质量重视程度的不断提升，欧洲国家也越来越重视研究生教育质量评价，其在研究生教育质量评价方面积累了一定的经验，但也存在一些问题，这为我国研究生教育质量评价提供了重要借鉴。

随着欧洲高等教育的迅速发展，欧洲各国研究生教育质量评价制度也在不断发展和完善。从宏观层面来看，欧洲各国研究生教育质量评价制度主要呈现出以下特征：一是法律法规的支撑，二是组织机构的保障，三是评价内容的多样化。从微观层面来看，欧洲各国研究生教育质量评价制度主要由高等教育机构内部控制和外部认证两大机制构成。其中，高等教育机构内部控制机制包括：建立评估机构的认证制度，建立质量保障体系，对质量进行定期评估。外部认证机制则主要有：欧盟在高等教育领域建立了基于专业标准、院校标准和学科标准的认证体系，欧洲国家采用第三方机构认证和国际同行评价。

一、法律法规的支撑

欧洲各国对学位教育质量评价的重视和关注体现在不断完善和发展的法律法规中。欧盟于1992年颁布的《欧洲研究型大学章程》，使欧洲各国开始关注和重视学位教育质量评价，并对学位教育质量评价的框架、方法、内容和程序进行了规定，为欧盟各国开展学位教育质量评价提供了法律支撑[1]。近年来，欧洲各国对学位教育质量的重视程度不断提升，并逐渐形成了相应的法律法规，如荷兰于2006年颁布了《高等教育与科研评估法》，使荷兰成为世界上第一个通过立法形式对高等教育质量进行评估的国家。再如英国政府基于绿皮书（2015）提出的在高校、市场和政府等多方矛盾亟待解决的背景下引入TEF，以此保障英国高等教育的持续发展[2]，此外2014年英国研究评估考核（RAE）在各种政策法规等背景下被卓越研究框架（Research Excellence Framework，REF）所取代，REF是英国用于评估高等教育机构研究能力的系统，其评估结果与财政分配直接挂钩，受到各界高度关注，该系统由英国4个高等教育资助机构——英格兰研究署（RE）、苏格兰资助委员会（SFC）、威尔士高等教育资助委员会（HEFCW）和北爱尔兰经济部（DfE）共同参与

---

[1] 李政云. 欧洲研究型大学：挑战、责任与出路 [J]. 高等工程教育研究，2006(1).
[2] 丁磊. 英国高等教育质量评估新进展 [D]. 石家庄：河北师范大学，2021.

建构[1]。

二、高等教育机构的内部控制机制和外部认证机制

与宏观层面相比，微观层面的质量评价更能体现一个国家的教育质量政策。一个国家教育质量的好坏，最终体现在高等教育机构的内部控制机制上，因为高等教育机构内部的质量评价是一种自我约束、自我发展和自我完善的过程。此外，欧洲各国还建立了外部认证机制，这些外部认证机制都是为保障高等教育机构内部质量评价机制的有效运行而建立的。这种由高等教育机构内部自我约束、自我发展和自我完善的质量评价机制是一种以大学为中心的质量保障体系，其目的是保障研究生教育培养过程中教学、科研和服务三大功能的实现。这种机制具有以下特征：一是由大学提供内部支持；二是具有自主性；三是注重教学[2]。

欧洲国家研究生教育质量评价制度呈现出的一些特点，为我国研究生教育质量评价制度建设提供了重要启示：一是从法律层面上保障研究生教育质量评价的实施，包括明确研究生教育质量评价的权利主体、规范研究生教育质量评价程序以及确定研究生教育质量评价标准等；二是明确政府、大学和社会在研究生教育质量评价中的角色定位、建立健全相应的法律法规及组织机构；三是评价内容多样化，包括对培养目标、课程设置、师资队伍等进行评价，同时还应关注学生培养过程及成效，对学生学习成果进行评价[3]；四是

---

[1] 刘娅. 英国高等教育机构科研评估机制的启示 [J]. 中国科技人才，2022(5).
[2] 宁业勤. 欧美高等教育元评价及其启示 [J]. 黑龙江教育（高教研究与评估），2016(2).
[3] 曾琳. OECD 国家教育评价发展的关键主题检视 [J]. 比较教育研究，2017，39(4).

建立外部认证机制,比如采用第三方机构认证和国际同行评价等方式[①]。

三、欧洲国家研究生教育质量评价体系的特点

目前,欧洲国家已经建立了较为完善的研究生教育质量评价体系,其中英国、法国、德国等欧洲发达国家在研究生教育质量评价体系方面独具特色。

(一)评价主体多元化

任何一种质量评价体系都需要建立在一定的评价主体的基础上,研究生教育质量评价体系也不例外。研究生教育质量评价主体主要包括政府、社会团体、高校、学生以及第三方组织,其中政府是最重要的评价主体。在欧洲国家的研究生教育质量评价体系中,政府与第三方组织的参与较为广泛,三者共同构成了欧洲国家研究生教育质量评价的主体。研究生教育是一个涉及政府、高校、社会组织和学生等多方利益相关者的复杂系统,研究生教育质量评价的主体也随之多元化。欧洲国家研究生教育质量评价是在政府主导下,社会组织、高校及学生共同参与的过程。在评价主体方面,英国和爱尔兰等国更强调政府的参与。英国在教育质量评估中,政府所起的作用是自上而下的,英国高等教育评估局(HESA)和英格兰高等教育拨款委员会(HEFCE)是这一评价体系中最主要的两大机构。在爱尔兰,主要是由政府、社会组织和高校三方共同参与,其中政府主要起到宏观调控作用,社会组织则扮演了信息中介、质量保障、评估监督等角色,而高校则是发挥主体作用。在研

[①] 德维特,张优良. 欧洲高等教育国际化的评价、趋势和问题:下[J]. 世界教育信息,2016,29(16).

生教育质量评价中，欧洲各国更注重发挥高校自身的主观能动性，鼓励其在参与评价过程中不断完善自身组织结构、完善自我评价体系[①]。

（二）评价对象全面

研究生教育是高等教育的重要组成部分，它是培养高级专门人才的一种高级阶段教育。因此，评价对象除了学位授予单位外，还应包括其他高校和科研机构等。从欧洲国家的研究生教育质量评价体系来看，评价对象具有广泛性。英国和法国等欧洲国家都建立了较为完善的研究生教育质量评价体系，这些体系将研究生教育评价对象扩展至大学、科研机构等，并在此基础上构建了较为完善的评价指标体系。因此，在欧洲国家研究生教育质量评价体系中，大学和科研机构占据着重要地位。此外，欧盟委员会和欧洲高等教育署也对各国的研究生教育质量进行了客观评价。

（三）评价标准合理

评价标准是指评价主体根据评价目的，依据评价内容，制定出的相应的标准，并以此作为依据对研究生教育质量进行评价。评价标准是衡量一项教育质量优劣的尺度，通过对欧洲国家研究生教育质量评价现状进行分析可以发现，欧洲国家在研究生教育质量评价过程中十分重视对质量标准的设定，并且在制定过程中力求使其更具有合理性。譬如 2008 年英国牛津大学制定了质量保障手册，融合学校内部标准与 QAA 外部评判标准，制定了招生、学生、课程、教学、学位认证、数据平台等 12 个领域的相关评价

---

① 蒋家琼，张亮亮. 英国高等教育多元主体评价制度的缘起、架构与特征：兼论对新时代我国高等教育评价制度改革的启示 [J]. 陕西师范大学学报（哲学社会科学版），2022(1).

标准①。

（四）评价内容以科研为主导

欧洲国家研究生教育质量评价以科研为主导，德国《关于研究型大学与学院的联邦条例》规定："联邦政府对研究型大学和学院进行评估，包括对学术方面的评估和对教学质量的评估。此外，联邦政府还通过对科学研究的拨款、资助等政策进行评估。"欧洲国家在研究生教育质量评价中发挥着主导作用，而教学质量则是影响研究生教育质量的重要因素，因此，教学质量的评价受到了高度重视。另外，欧洲国家重视评价结果的应用，特别是在绩效评估、国际认证、政府资助项目评估、高等教育排名等方面，教学质量评价结果发挥着重要作用。

（五）评价方式综合运用同行评议与外部评价

同行评议是一种重要的评价方式，指同行专家对高校在教学、科研、课程设计、教师配备和资源配置等方面的工作进行评估并作出评价，以促进高校改善自身工作。与外部评价相比，同行评议具有评价主体多元化、评价方法多样化和评价标准相对客观等特点。但在实际评价过程中，外部评价和同行评议的融合程度不高，且两者之间相互独立，很难发挥出评价的合力。为了弥补这一不足，欧洲国家普遍采用同行评议和外部评价相结合的方式。这种方式既避免了两者之间的相互矛盾，又能够避免外部评价可能产生的缺陷和不足。下文将分别介绍英国、法国和德国这三个欧洲国家的研究生教育质量评价方式。

---

① 朱国辉，谢安邦.英国高校内部教育质量保障体系的发展、特征及启示：以牛津大学为例[J].教师教育研究，2011(2).

（六）评价过程透明公开

评价过程透明公开是指评价主体与评价对象都能够参与到评价过程中，评价主体可以从多个方面了解被评价对象的情况。因此，为了保证评价过程的公正公开，欧洲国家在研究生教育质量评价的过程中都特别重视透明化。英国高等教育质量保障署的一项研究表明，在英国大学录取委员会（UCAS）录取的学生中，有80%～90%的学生认为被录取者的成绩是公平和可信的。1998—2000年，在德国科学与人文理事会（WR）带领众多国内外专家组建的队伍中，德国联合四大研究机构进行了一次全面的系统性绩效评价，此次举动大力推进了德国高等教育评价实践的发展，使德国科技界的评价标准日趋透明公开[1]。

第二节　英法德研究生教育质量评价体系

一、英国科研质量评估系统——REF 学科评估[2]

英国作为最早开展高等教育质量保障运动的国家之一，推崇教育评价独立，包括独立于政府、教育机构独立和教育系统内部运作独立。自卓越研究框架（REF）发布以来，其评估结果是高校获取财政拨款的重要依据[3]，通过

---

[1] 方晓东，董瑜，金瑛，等. 法国科技评价发展及其对中国的启示：基于 CoNRS 和 HCéRES 评价指标的案例研究 [J]. 世界科技研究与发展，2019(3).
[2] 蒋林浩，黄俊平，陈洪捷，等. 学科评估体系实践及影响的国际比较研究 [J]. 学位与研究生教育，2020(4).
[3] 庞春敏. 英国教育评价的特点与启示 [J]. 上海教育评估研究，2021(5).

结果反馈进行调整以保障英国高等教育评价体系的持久卓越运行。

1984年,英国政府明确提出科研绩效要在大学资源配置中发挥重要作用,要采取新的经费分配办法保证科研资源的投入效益。随后,英国大学拨款委员会、大学资助委员会、高等教育资助委员会先后于1986年、1989年、1992年、1996年、2001年、2008年开展了6次科研评估。2014年,英国高校研究评估考核被卓越研究框架所取代。

英国科研评估由政府机构引导,评估结果与大学科研拨款挂钩,如英格兰高等教育资助委员会的拨款,97%根据评估结果分配。英国科研评估因与政府拨款挂钩,刺激了英国高等教育机构对科研的重视,对英国的科研起到了很大的引导作用,也直接产生了科研财政资源的集聚效应,从而发挥了优势院校的最大潜能,提升了整个国家的科研能力。根据英格兰高等教育资助委员会的统计,英格兰排名前10的高校获得的科研经费占所有拨款金额的50%,排名前23的高校占75%。通过科研评估,英国的科研有了长足进步,在投入经费只占世界5%的情况下,发表了占世界8%的论文,引用率高达13%。评估也改善了大学的科研管理水平,促使高校紧跟英国高等教育基金委员会的部署,加大对优势学科的投入,从而提升科研管理水平。卓越研究框架的多项改进使得英国科研评估受到了多方面的认同,然而来自学界的批评声音也从未停止。第一,评估结果与政府拨款的直接挂钩导致了学校非常关注和重视科研评估指标与结果。为了获取更多科研拨款,学校将更多精力放在科研,对于教学则自由放任。科研影响力指标的权重加大,促使更多教师强调研究的社会影响,削弱了基础研究的纯粹性与创新性,也进一步导致教师忽略教学工作。曼彻斯特大学社会人类学教授彼得·韦德(Peter Wade)认为REF的"科研影响力"狭隘定义了与大学的社会影响有关的教学的历史作用。第二，从院校的层面而言，科研评估对英国大学传统的自由主义模式产生了威胁，评估当中细致、烦琐的要求对于大学的自主性也是一种侵蚀。组织评估的管理者权力日益膨胀，权力的天平开始从学者向行政人员倾斜。REF 科研影响力注重科研活动对社会经济、公共政策的影响，更强调成果的应用性，即更加重视"对知识利用的控制"。第三，REF 将参评人员分为科研活跃人员和非活跃人员，虽激励了科研人员创新的积极性，但也挫伤了部分教师的积极性。第四，学科评估是否真的提高了研究质量也成为学者关注和质疑的方面。麦克内（Ian McNay）的研究发现越来越少的研究人员认为学术发表质量提高了，只有34%的受调查者认为科研评估提高了英国高等教育的研究质量，32%的受调查者认为科研评估使自己的研究更受重视，70%的受调查者认为研究工作消耗了大部分私人时间，65%的受调查者认为科研评估带来了很大的压力。

英国科研评估过程包括三个阶段：

a. 审核学校提供的材料。REF 通过各类数据库对数据的真实性进行检验，数据来源包括科研人员自传简历和研究协会提供的信息等。

b. 确定专家组成员，包括学术专家和非学术专家。学术专家由学科学会提名，非学术专家包括商业、工业、健康、公共和志愿等部门的行业人士，非学术专家主要评估研究成果的影响力。专家组分主专家组和次专家组两个级别。主专家组负责提供评价方法，制定国际质量标准，为评价过程的统一性提出建议并指导次专家组成员工作。为保证评价符合国际标准，主专家组成员必须包含国际专家；次专家组负责学科评估的具体评分工作，并将结果上报主专家组确认。

c. 开展评估和发布结果。英国自实施评估以来，评估指标有几个重要特征：

第一，减少提交研究成果数。1986 年 RAE 的一个主要指标是各学科点的出版物数量。这个指标导致大量期刊产生，学术失范如重复发表、拆分发表等出现。为避免这一现象，1996 年起，RAE 要求科研人员减少提交科研成果数，每个教师只要求提交 4 项科研成果，目的是改变研究成果的规模导向，减少"仓促发表"现象。2014 年，REF 将提交成果数从 4 项减少为 3 项。

第二，重视研究成果的影响。2014 年，REF 与以往评估最大的不同之处是将研究成果的影响作为评估指标之一，它占权重的 20%，主要考察研究给经济社会、公共政策、文化生活等领域带来的益处。对研究成果影响的评估由熟悉学科研究和研究应用情况的次专家组完成，同时辅以行业人士的评价，评价指标包括研究成果的影响范围和重要性，如研究成果的开拓性、改革性、应用价值和影响度等。

第三，重视非基础研究。2014 年，REF 对基础研究、应用研究或对策研究给予同样权重。评价指标对应用研究、教学法研究和跨学科研究作了详细规定，并将这些研究的重要性与基础研究等同，原则上尊重一切以获取知识为前提的原创性研究。从 RAE 和 REF 对研究的定义也可以看出，英国科研评估不仅重视基础研究成果，还重视其他类型的研究成果。

二、法国高等教育评价的基本情况

（一）法国高等教育质量保障体系各相关利益主体的基本情况

法国高等教育质量保障体系是一个涵盖多个方面的系统，涉及政府、高校、社会各界的利益相关者、资源提供者等。法国高等教育质量保障体系是一个具有法律效力的组织系统，由政府、大学及相关机构三方组成，以教育质量为核心，通过高校自身的自我评价和外部专家评估两种方式来评价高等教育质量。法国政府通过对高等教育进行宏观调控和监督管理来促进高等教育发展，同时为提高高等教育质量制定了一系列政策法规。法国政府在教育领域发挥着重要的作用，通过制定法律法规等方式保障国家教育政策的落实，为高等教育提供资金支持。法国高等教育质量保障体系在运行过程中分为两个阶段：一是对高等教育机构进行宏观调控和监督管理；二是对高等教育机构的教学与科研成果进行客观公正的评价，并在此基础上对教育质量进行监督和控制。下面从不同层面简要介绍法国高等教育质量保障体系[1]。

法国政府对高等教育的管理主要集中于立法层面，通过制定相关法律法规对教育进行宏观调控和监督管理，具体包括：《教育法》《高等专业教育注册法》《职业教育法》《高等教育管理与促进法》《高等教育财政管理法》等。这些法律法规对法国高等教育发展中的问题进行了详细的规定，同时也为法国高等教育质量保障体系的运行提供了依据。例如，法国政府对大学教育机构实行注册管理制度，要求大学在完成注册后方能正常运营。法国政府还通过设立行业协会、增加政府财政拨款等方式对大学教育质量进行监督和管理，如设立"国家教育标准委员会"来制定相关标准，设立"国家高等教育基金委员会"来制定高等教育经费预算等。

法国的教育管理机构主要包括教育部、高教署以及大学与科研机构管理委员会。教育部是法国的教育主管部门，负责法国各级各类学校的教育工作，

---

[1] 方晓东，董瑜，金瑛，等.法国科技评价发展及其对中国的启示：基于CoNRS和HCéRES评价指标的案例研究[J].世界科技研究与发展，2019(3).

并对其进行监督和管理。高教署主要负责对高等学校、高等教育机构进行评估、审核及监督管理，包括对学校的教学、科研工作进行监督与审核，并对高校及教育机构的师资力量、教学水平、科研能力等进行评估和审核。大学与科研机构管理委员会是由大学与科研机构中的专家组成的，其职责主要包括对学校教学工作进行监督与审核、评估高校的教学水平以及科研能力等。此外，法国还有一个非官方的高等教育质量保障机构——高等教育认证委员会，负责对法国高校的教育质量进行评价和监督。

法国大学通过建立内部评价体系来评估自身教学与科研成果的质量。此外法国政府还通过外部专家评估来对大学的教育质量进行监督和管理。外部专家评估主要有两种方式：一种是外部专家对高校自我评估体系进行评价；另一种是外部专家对高校开展社会调查，对高校的办学效益、教学成果和社会服务能力进行评估。

法国高等教育评估制度以《萨瓦里法》为界经历了两个发展阶段，在发展完善中逐步形成鲜明的国家特征。法国高等教育评估工作按照欧洲高等教育质量保证标准和指导原则（ESG）划分了 22 条标准，体现出法国高等教育评估工作很重视国际化和绩效改革。1984 年，法国就成立了科学、文化和职业公共高等学校国家评估委员会（CNE），专门负责对全国高校、学科及教育专题的评估，以保障公立高校在教学、科研、行政及财务方面的自主权[①]。CNE 是由教育部资助、隶属于科学技术部的高等教育与科学研究机构，它作为评估主体开展评估工作。为了保障 CNE 进行客观公正的评价，教育部根据教育部和科学技术部制定的《大学与研究机构评估方法》制定了 CNE 开展评

---

① 蒋家琼，姚利民，游柱然．法国高等教育外部质量评估体系的基本框架、特征及其启示 [J]．教育与现代化，2010(1)．

估工作的具体实施方案。作为法国国家科研机构的学术评估机构，CNE 进行的同行评议活动是法国高等教育体系中最为重要的一项评估活动。2013 年，法国成立高等教育与研究高级评估理事会（HCéRES），此机构的评估对象涵盖了法国所有高等教育机构和研究机构[①]。

（二）CNE 和 HCéRES 质量评估体系的基本特征

CNE 对大学和研究机构的评估内容主要包括科研产出、科研成果转化、人才培养等，在具体评估内容上具有以下特点。

首先，在科研产出方面，CNE 评估指标包括科研项目数、专利申请数、发表论文数等。科研项目是指大学和研究机构开展的直接针对科学问题的研究，专利申请是指大学和研究机构向政府机构或相关组织提交的专利申请。CNE 将科研项目数作为评估指标之一，是因为科研项目是大学和研究机构进行科学研究的基础。CNE 规定，大学和研究机构在两年内向政府或相关组织提交的科研项目总数不能超过 25 个（包括 25 个基础研究项目）。

其次，在科研成果转化方面，CNE 评估指标包括成果转化数、成果转化收益以及论文被引用次数等。其中，成果转化数是大学和研究机构将科研成果向市场或产业转移的数量。CNE 规定，高校和研究机构必须在两年内向政府或相关组织提交超过 50 项新的具有潜在商业价值的技术和产品，如果大学或研究机构在两年内提交超过 10 项新的具有商业价值的技术和产品，则可以获得额外奖励。

最后，在人才培养方面，CNE 评估指标包括在校生人数、毕业生人数以及毕业生就业率等。其中，在校生人数是大学和研究机构在两年内培养的本

---

① 胡德鑫. 发达国家高等教育评估的发展趋势 [J]. 教育学术月刊，2017(4).

科生、硕士生、博士生数量。CNE 规定，如果高校或研究机构两年内没有培养出符合就业标准的毕业生或者没有完成国家规定的招生计划（例如本科生招生计划），则不能获得额外奖励。

HCéRES 是由一个委员会领导、依托专家组开展工作的评估机构。它开展评估工作的步骤分为准备阶段、实地考察阶段和总结阶段。HCéRES 的六大评估指标为：战略与治理、研究与教学、学生自我实现、社会服务、国际合作、引领作用。

CNE 和 HCéRES 虽靠国家财政拨款开展工作，而且政府在高等教育评估中扮演核心角色，政府的政策导向深刻影响评估结果，但这两个机构独立于政府和被评估的高等教育机构，因此，其评估结果对工商界等具有重要参考价值[①]。正是其独立性和非营利性保证了评估结果的客观、公平、公正，两者表现出共同的特征：第一是评估制度的时代性，评估制度适应着法国高教机构的定位与管理体制的变化；第二是评估机构的相对独立性，这得以保证评估各方面得到一个第三方机构的客观评价；第三是评估时间的周期性，主要表现为固定年限完成一次对所有高等学校的评估；第四是评估内容的整体性，重视对高等教育系统整体协调性和整个高等教育政策的有效性进行评估；第五是评估类型的多样性，表现为内部评估与外部评估相结合，自我评估与他人评估相结合，综合评估与单项评估相结合，结果评估与后继跟踪评估相结合。法国高等教育评估涉及学校人事、教学、科研、师资、学生生活管理以及继续教育等各个方面，同时注重对国家教育政策的评估，评估中带有明显的政府意志与价值导向。

---

① 胡德鑫. 发达国家高等教育评估的发展趋势 [J]. 教育学术月刊，2017(4).

法国高等教育质量评估机制包括评估机构、评估标准和评估流程等，主要由高等教育评估机构、高等学校、高等教育质量保障和认证中心三部分组成。法国高等教育质量保障和认证中心是法国专门的高等教育质量保障和认证机构，下设专门的数据处理中心和信息服务部门。法国高等教育质量保障和认证中心下设的数据处理中心是法国高等教育质量主要数据的来源，其通过对一系列指标的计算来评估院校、学科或专业的教育质量。法国高等教育质量保障和认证中心的工作人员在其网站上公布了各种指标及计算方法，各高校可以根据自身情况进行选择[①]。

在评估机构上，法国高等教育质量保障和认证中心负责对高校的教育质量进行评估。该机构是一个独立的法人实体，受法国教育部和高教署的双重领导。

在评估标准上，法国高等教育质量保障和认证中心对评估指标的选择非常慎重。评估指标由学校自行申报，或由法国高等教育质量保障和认证中心提供。评估指标主要分为两大类，一是"硬指标"，二是"软指标"。"硬指标"主要包括对教育质量的量化要求，如学生的平均绩点、教师的平均课时数、学生的平均出勤率等；"软指标"则主要包括师生比、学科设置情况和教师岗位数等。在进行评估时，法国高等教育质量保障和认证中心首先对高校提出申请，然后由学校提供各种数据和材料，由该中心进行审核并根据不同情况作出相应评估。

在评估流程上，法国的高等教育评估机构通常每年进行两次评估，分别在1月和6月。其中1月的评估主要是对各个高校的教学质量、科研能力等

---

① 吴本文.法国高等教育评估制度评析[J].长春工业大学学报（高教研究版），2006(3).

进行检查，6月的评估则主要是对高等教育质量保障和认证中心的各项工作进行检查。在评估过程中，高等学校在规定时间内向评估机构提交自评报告，并配合开展相关工作。数据来源指标包括：课程与教学、学生规模、教师数量、学生满意度、毕业率及就业率等。在每一个指标下，都会列出一系列的计算方法。对于某些指标，数据处理中心也会设置一些"陷阱"，通过一些手段让计算结果出现偏差。

法国高等教育评估具有以下特点。第一，法国高等教育评估机构与高等学校的关系十分紧密，其主要工作内容为对高校进行评估，并定期公布评估结果。对于高等学校来说，只有接受高等教育质量保障和认证中心的评估才能在高等教育市场中获得一定的生存空间。第二，法国高等教育质量保障和认证中心公布的指标及计算方法具有很强的科学性和合理性，为各高校进行评估提供了重要参考依据。第三，法国高等教育质量保障和认证中心重视对高等教育的监督和评价，并对高等教育质量的提高起到了积极作用。我国高等教育评估机构应积极与高等学校加强沟通与合作[1]。

三、德国研究生教育质量评价的现状特征与发展趋势

（一）德国高等教育评价的基本情况

德国实行教育行政地方分权制，各州政府对本州的教育负主要责任，评估的具体实施主要是由介于政府和高校之间的中介机构完成。

（1）教育质量认证。德国于20世纪末引入高等教育认证制度，由教育

---

[1] 姚成林.国外高等教育评估机构带给我们的启示与借鉴[J].劳动保障世界，2018(26).

评价中介机构组织开展。机构不受联邦和州政府直接管理，但须由德国认证委员会认可，接受政府和各种基金的资助。认证机构开展的认证有两种形式，即专业认证和体系认证，每种认证都有规范化程序和完备细致的标准。

（2）高等教育质量评估。由于德国高等教育由各州政府管辖，高等教育经费主要来自州财政，所以德国没有全国统一的评估标准，各州自行制定指标体系并开展评估项目。就德国高等教育评估总体来看，其评估的内容和重点主要包括院系评估、学科评估、科研评估、教授资格评估等。

（3）重点建设项目评估。德国于2006年发起了"大学卓越计划"，由德国联邦政府与州政府批准，德意志研究联合会（DFG）与德国科学与人文理事会共同负责运营。计划实施至今，入选的"卓越大学"的高校前后共有17所，仅有6所高校连续三期入选。通过评估，德国在建设世界一流大学的过程中引入竞争和淘汰机制，高校入选并非等于获得"免死金牌"，并非"一劳永逸"，仍需参与每期"大学卓越计划"的激烈竞争。

（二）德国ACC质量评估体系的基本特征

德国在1997年成立德国学术咨询委员会，对下萨克森州的25所大学的化学和历史学科开展评估，而后成立德国学术咨询委员会（AAC）这一评估部门。AAC在20世纪末采取了同行评估方式，对25所大学的化学和历史学科开展了科研评估，该评估跟研究资金的分配并没有直接绑定。AAC评估目的是引导和刺激大学的领导（校长、院长、机构负责人和其他评估行动者）采取措施去提高研究绩效，甚至直接告诉学校领导他们下一步要做的工作。评估方法结合了文献统计、同行评估、办学条件评估等。评估内容包括研究绩效和研究条件，并为学校提出准确的改进意见。评估标准包括质量、相关性、效率、有效性。评估者对"好研究"进行了定义。评估单位是每个学校学科的集体研究档案，个人教授是评估的第二层面。评估流程如下：AAC 提供一个简要大纲给各大学的院系，参评院系准备一份五年研究活动和计划的报告；AAC 安排大约 6 位来自德国其他州或其他国家的教育专家对学校进行实地考察；评估者与大学校长、院系负责人、教授、学生等进行面对面洽谈；根据上述材料和考察，评估者起草一份学科的绩效报告，并交给 AAC 负责部门进行编辑；邀请被评估单位和个人对报告提出意见，最后由评估者给出一份最终的报告。学校的评估报告对外公开，个人评估报告仅对个人和大学校长公开，完整报告提交德国教育管理部门[①]。

德国学术评估具有弱式介入型学科评估的基本特征。介入型学科评估体系提供学科的各种详尽信息，包括研究条件、绩效、环境或潜能等。这类信息细致深入，但却无法相互比较。因此，这类信息只对该大学或学科有意义，主要用于政府和大学间的保密性沟通和建议。一般来说，弱式介入型学科评估体系只为大学提供研究绩效详细信息，介入型学科评估体系仅提供学科发展信息和改革建议。弱式介入型学科评估体系提供非透明的、非数字化的学科信息。德国学术评估与研究资金的分配没有直接绑定，但是直接促使很多学校逐步开展内部评估，也使得学术精英成为学术资源分配的主要角色。竞争性资金开始需要通过同行评议进行绩效考核确定，使得学术领域变得越来越组织化和分层化。评估单位是集体研究档案，这削弱了教师个人在选择研究课题或研究方法上的自治。这种方式对传统研究方式是有利的，因为合作能促进方法的小进步，但是对新研究方式是不利的，因为会受到主流方法的

---

① 蒋林浩，黄俊平，陈洪捷，等. 学科评估体系实践与影响的国际比较研究[J]. 学位与研究生教育，2020(4).

排挤。大学校长会将评估的建议内容写进与教育部签订的绩效合同,也写进与教师签订的绩效合同。由于评估建议针对不同学校的不同学科(针对单位而不是个人),大量建议针对集体行为(需要集体共同实现和实施),所以评估推动了合作研究。但是,评估也增加了教师的压力,因为争取研究资金的竞争更加激烈。

(三)德国研究生教育的历史演进

19世纪初,德国在世界上最早建立了研究型大学模式,学术研究成为大学的首要任务,而德国大学的人才培养也具备了"研究生教育"的基本特征。但直到20世纪60年代之前,德国大学人才培养层次分化并不明显,学生进入大学后,均接受研究导向较强的学术训练,以通过教师、医生、公务员、法律等专业领域的国家资格考试,完成研究性论文获得博士学位作为大学学业的结束。

20世纪60年代,德国全面实行以理工科硕士学位和文科硕士学位作为大学的第一级学位,改变了德国大学一百多年以来以博士学位作为大学唯一毕业文凭的局面,将大学学业划分为两个层次。但即使是理工科硕士学位和文科硕士学位,也具备今天研究生教育的基本特征,如注重学术训练,强调研究性论文等。

随着高等教育规模的进一步扩大,德国高等教育的结构分化持续演进,其核心就是把一个以通识教育及职业导向的学习为主的阶段和包括一个过渡阶段在内的学术性科研训练阶段明确区分开来,以满足不同社会需求;同时对高校进行管理、教学、科研各方面的效率化改革,强化质量控制[①]。1998

---

① WÜRMSEER G. Auf dem Weg zu neuen Hochschultypen[M]. Wiesbaden: VS Verlag für Sozialwissenschaften, 2010: 56-57.

年，德国《高校框架法》修订，正式规定德国高校在原学制体系之外，可以颁发学士（bachelor）及硕士（master）学位。1999年，德国签署《索邦宣言》，加入博洛尼亚进程，开始全面改革高等教育学制。博洛尼亚进程涵盖包括德国在内的46个欧洲国家，其核心目标是建立一个统一的欧洲高等教育区，具体措施包括在各国建立统一且可比较的"学士－硕士－博士"三级学位制度，引入"欧洲学分互认体系"（ECTS）及模块化教学，强化质量控制，提高高校毕业生就业能力，促进教师和学生的国际交流等。德国是受博洛尼亚进程影响最大的国家之一，目前德国高校绝大多数招生项目改为"学士－硕士"新学制，持续20年的学制改革基本完成[1]。

三级学位制度改革完成后，与多数国家相似，德国研究生教育就包括硕士和博士两个层次。但是，因为历史渊源和制度基础的差异，德国硕士和博士两个教育层次在制度设计、质量评价、质量保障等各方面差异较大，而从培养学术性人才和科研后备力量的目标出发，则其博士生教育的质量评价和保障更值得关注。

（四）德国硕士研究生质量评价：以认证为核心

德国高等教育系统本质上是一个公共系统，高校绝大部分为公立高校，教授是受聘于各州文教部的公职人员，高校颁发的文凭为国家文凭。传统上，德国高等教育管理权力主要集中于州政府和教授两级，州政府通过财政拨款、教授聘任、课程审批等权力对高校进行直接调控，教授则通过各系内部、教授委员会等直接决定学校内部的科研和教学事务。20世纪末以来，德国开始

---

[1] HRK.Studienreform in Zahlen[EB/OL].(2012-04-20).https://www.hrk.de/themen/studium/studienreform.

进行以市场为导向的高等教育管理体制改革，加强了高校权力，州政府和高校之间形成了契约管理的关系，政府不再直接干预高校内部事务，但仍然对高校进行资助，德国高等教育系统的质量保障主要通过以认证为主的外部评价和学校内部的自我监控来实施，硕士研究生教育同样如此。

目前，德国的高等教育质量保障主要是通过遵守欧洲高等教育质量保障协会（ENQA）发布的《欧洲高等教育质量保障标准与指南》（ESG）来实现的。自20世纪90年代末引入高等教育认证制度以来，在ESG的指导下，德国开展了"专业认证"和"院校体系认证"，由经德国认证委员会（GAC）认可的质量保障机构实施。德国认证委员会本身则由欧洲高等教育质量保障协会予以认证。

如今，德国已建立起一个非政府性的、分权式的高等教育认证体系，德国政府实现了由"干预式政府"向"支持性政府"的转型。德国的高等教育认证体系也从依靠认证代理机构进行专业认证的单一模式，丰富发展为三主体、两层次、两种形式的混合认证体系。其中，三主体为认证委员会、认证代理机构和高等学校；两层次为认证委员会认证认可代理机构，认证代理机构直接认证高等学校；两种形式即专业认证和体系认证，每一种认证形式都有规范化的程序和完备细致的标准。

专业认证：为保证高校课程的最低质量标准，德国于1998年引入了专业认证制度，专业认证的主体有认证委员会和认证机构。认证委员会是全德认证协作组织，共有17名成员，包括联邦和州政府机构、认证机构、高校、行业及学生的代表和国际专家。其职责为对认证机构进行认可和监督、制定认证的原则和要求。认证委员会由德国教育部提供经费，是政府与认证机构间的联络者和协调者。

新专业审批则是以政府为基础进行的。州政府要审核新专业的资源基础，审核新专业与本州高等教育规划是否一致，是否符合本州法律规定等。但这种管理是宏观性的，州政府并不干涉认证机构的具体认证事务和高校的微观管理事务。

专业认证由高校向认证机构提出申请，认证机构组建专家小组，成员包括学科专业领域专家、一名政府部门代表和一名认证机构代表。专家小组通过现场考察、座谈等获取信息，拟定考察报告初稿，提出认证建议。高校在收到初稿及建议后，在规定时间内提出反馈意见。专家小组确定认证报告和认证建议，并提交给认证机构决策委员会，由其做出最终决定。决定可以是通过、不通过或有条件通过，并在再认证期间对条件是否满足进行检查。不过，专业认证通常针对单个或多个专业，对高校整体的内部质量保障的激励作用有限，为此，德国开始探索具有整合性的整体认证。2007年，德国教育部决定实施体系认证，并以此促进专业认证。

体系认证：体系认证以教学质量为核心，评估高校是否有健全的质量保障系统，要求高校通过建立有效的内部教学管理保障体系，保证各个专业达到高等教育质量的最低要求。认证代理机构通常遵循质量规划、质量监控、质量提升、质量结果四个环节展开工作，其程序包括提出申请和自评报告，专家考察、评估、撰写认证报告，认证机构专业抽样评估、撰写认证报告并做出认证结论。体系认证的有效期一般为6～8年，体系认证中期，高校需要提交中期自我评估报告。

（五）德国博士研究生教育质量评价：以内部评价为主

德国博士生教育定位于"学术后备人员"的培养，与美国、中国等国家高度结构化的博士生教育模式相比，德国博士生培养在很长的历史时期内并不是一个框架清晰、边界明确的高等教育阶段，而更像是内置于科研系统之中、与高校和科研院所的科研工作有机融合的青年科研人员早期训练阶段。从招生环节来看，德国博士培养没有统一的招生程序或入学考试要求，没有对博士生招生规模的统一规划，没有统一的入学时间节点，也不要求博士生必须以学生身份在大学注册。教授在博士生招生过程中拥有极大自主权，大部分博士生以受雇担任学术助理和科研助理的方式攻读博士学位。有意读博的学生只要提出博士论文的研究课题，获得教授同意后便可以着手研究和论文撰写；或者只要应聘相关科研岗位成功，也就算开始了博士学业。近些年，德国高校博士生招生程序不断细化，一些院系和博士培养项目对博士生招生设置了统一的标准和程序，但最终都要获得教授个人的认可和接纳，所以博士生导师在招生中发挥着决定性作用。

培养过程中，除了结构化的博士培养项目（覆盖约20%的博士生）对博士生课程学习有一定要求之外，德国绝大多数博士生没有必修课程的学习要求，主要通过参与博士生导师的研讨课、科研项目组会议等进行交流，接受导师或指导小组的非正式指导。德国也没有针对博士生研究和论文进展的过程控制或中期评价程序，其正式考核只存在于最后学位论文评价和答辩环节。通常一篇博士论文完成后，博士生须向所在学院提交博士考试申请，如符合学位申请的基本资格，则进入论文评审阶段。通常一篇博士论文有两位评阅人，而第一评阅人一般由博士生导师担任，评阅人须对论文进行打分。论文通过评阅之后由院系的博士口试委员会安排口试即答辩，口试委员会通常由包括博士生导师在内的三到四名委员组成，博士生导师担任口试委员会主席，而其他成员也多由导师选定并邀请，最后由口试委员会综合论文书面成绩和口试表现给出博士论文的最后评价结果。

可以看到,在以教席为基本结构的德国大学组织模式中,博士研究生对教席教授的依附性很强。导师自主招生,聘任博士研究生协助教学和科研工作,并主导进行博士论文考核评价,这种缺少制度规约和系统组织,高度个体化并且高度依赖师生关系的模式常被形象地描述为"师徒制"博士教育模式。在这样的培养模式下,博士研究生教育质量评价主要以导师主导的学术共同体内部评价为主。在操作层面,博士研究生教育质量评价的根本依据是各高校、院校的《博士考试条例》,院系主任、培养委员会、院系学术委员会、论文评阅人和口试委员会共同形成博士生教育质量评价主体的组织架构,而在其中发挥最大主导作用的,还是博士生导师,这也是传统"师徒制"博士培养模式的核心特征。

(六)德国博士研究生教育质量评价的发展趋势

落实导师责任,强化外部约束。21世纪以来,德国博士教育改革以"结构化"为线索持续推进,在继续传统"师徒制"培养模式的同时,建立了研究生院、研究训练小组等专门的博士生培养组织形式,逐步完善博士生教育的管理制度,不断强化博士生教育的组织支持、制度性规约和外部评价。

针对传统模式下导师对博士生的指导责任难以规约和监督的情况,越来越多的德国大学鼓励或者在研究生院的组织框架下明确要求博士生导师和博士生签订指导协议,在协议中明确博士论文研究主题,研究计划和时间安排,并对博士生导师的指导内容、指导形式、指导频率等做出具体规定,以此来强化博士生导师的责任,并对导学关系进行引导、规范和监督。根据德国高等教育与科学研究中心(DZHW)2019年针对23 518名博士生的问卷调查,大约有 3/4 的博士生与导师签订了指导协议，而参与结构化博士培养项目的博士生签订培养协议的比例高达 83%，高于非结构化项目学生的 69%。

以慕尼黑大学为例，该校研究生中心（Graduate Center）针对博士生培养的组织制定了周详的指南文件，其中分别对博士候选人和博士生导师提出了具体建议，并给出了指导协议的模板。对博士生导师的建议有 18 条具体内容，包括导师招录博士生需考察的因素、合理的博士生总数、对博士生选题和可行性的评估、指导博士生的形式和频率等，还明确建议博士生导师应当在工作职位、资助、参与学术交流、教学技能和软技能培训、毕业后的学术职业发展等各方面给予博士生支持。指导协议模板的具体内容则包括：论文的题目，计划完成论文的时间和分阶段的研究计划，会面指导的频率、形式，双方需做的准备，博士生提交阶段性研究报告的频率，以及汇报研究进展的具体形式（如在博士生研讨会上汇报），等等，如果博士生由导师小组来指导，导师组的其他成员也要在指导协议上签字。

发布导师指导性文件。在德国，推动博士教育的结构化改革已经成为跨院校合作的重要内容。2010 年前后，多所德国大学的研究生院、博士生中心联合成立了跨院校的博士生教育质量保障组织——"博士教育质量圈"（Qualitäts Zirkels Promotion，QZP）。该组织认为，博士生导师和博士生之间的指导关系是博士培养中最关键的要素，基于此，该组织最重要的一项工作就是联合各个院校的专家力量，起草和发布关于如何完成博士学业和塑造良好导学关系的建议性文本。自 2012 年以来，该组织对相关建议性文本不断进行更新，形成了两份德英双语版本的建议文件《如何做博士——精心决策和良好开始》以及《共塑博士学业——给导师和博士生的指南》。其中《共塑博士学业——给导师和博士生的指南》分为导师篇和博士生篇两个部分，在导师篇中,该指南按照博士学业开始前、学业进行中和学业完成阶段三个部分为博士生导师提供了详尽的建议。例如,在学业开始前,该指南对如何评估博士生的读博动机、学术基础及完成学业的条件和难度等给出了详细参考,帮助导师评估博士生潜质及师生之间的匹配度。在学业进行中,该指南详述了导师可参考的指导形式以及如何帮助博士生构建支持体系、推进研究计划。在学业完成时,该指南就如何督促博士生合理安排论文写作计划,论文指导和评价的要点,答辩和论文出版事项,以及导师如何支持博士毕业生职业发展等进行了阐述。这份手册性质的指南内容简洁清晰,具有较强的可操作性,除了博士教育质量圈的成员高校外,也有其他大学在其研究生院网站上上载这一指南,供博士生导师参考。

建立外部质量反馈机制。为了加强对于博士生培养质量的监测、追踪和反馈,近年来德国联邦和各州逐步建立了多层次的博士生教育的统计调查、质量保障和评价反馈机制,其中比较重要的是国家学术面板研究项目。这是一项针对博士候选人和博士学位持有者的纵向调查研究,也是第一项系统收集德国学术后备人员培养职业发展数据的研究工作,调查由德国联邦教育与科研部(BMBF)资助,由德国高等教育和科学研究中心具体实施。该调查的目标群体是德国处于获得教职之前的资格阶段的科研工作者,具体分为博士在读阶段和博士毕业后阶段。其中博士生群体特指根据《高等教育统计法》在德国大学正式注册的所有博士生,包括在非高校科研机构工作和在应用科学大学就读的博士生(此两类群体也需要在具有博士学位授予权的大学同时注册)。国家学术面板研究项目是一项多队列面板研究项目,每隔两年,新的博士生群体将被持续纳入调查范围。调查参与者将首先每年接受一次调查,随后每两年接受一次调查,对他们职业发展的追踪研究将持续到其博士毕业后 15 年。调查使用 DZHW 自主开发的在线调查系统进行。

国家学术面板研究项目调查旨在全面呈现、追踪以及分析德国博士研究生在攻读学位和获得学位后初期发展的制度框架、支持条件、学术成就、学术发展、职业发展及其个人背景、培养状况的关系等，是评价德国博士教育质量的重要参考，对政策制定者、高校管理者以及导师和博士生群体都有重要的参考价值。其调查的主题主要包括六个方面：

（1）动机与态度：博士研究选题、读博动机、职业目标、生活目标、对于科学工作的态度等。

（2）个人背景：家庭和婚姻状况、社会背景、教育经历、健康状况、社会经历等。

（3）读博条件：导生关系、资助状况、是否参与结构化项目和相关评估、对教学研究及知识创新做出的贡献等。

（4）学术工作：学术活动、工作状况、学术网络和社会资本等。

（5）教育结果：个人和社会收益、读博结果（毕业或终止学业情况）等。

（6）职业发展：职业策略与选择、在学术系统内外的工作、获得教职情况、国际流动等。

第三节　美国研究生教育质量评价

一、美国高等教育评价的基本情况

美国没有统一管理高等教育的全国性机构，联邦政府、州政府、认证机构和新闻媒体等各司其职、相互协调,共同保证高等教育质量。美国研究生教育质量保障体系主要采取"三元"研究生教育质量保障机制,即联邦政府、州政府和社会机构三者共同保障研究生教育质量。美国联邦政府和州政府对认证机构实施认可制度,主要通过认证机构间接实现对各院校的管理。

(1)院校认证。院校认证是指六大地区联盟对各高校进行的整体性的综合认证。由于仅仅是对高校的整体水平和综合办学能力的基本评估,所以院校认证不能反映各个专业的实际水平。美国虽然不强迫任何高校接受院校认证,但几乎每所高校都会申请。从美国的高等教育评价范式来看,以高等教育委员会(HLC)为代表的社会评价机构通过对高等院校开展周期性的考核,为高校高质量、个性化的发展提供了支持[1]。

(2)专业认证。专业认证是在美国高等教育认证委员会(CHEA)领导下,由各相关专业、行业协会根据专业、职业人才的基本质量要求对某个具体专业进行的认证。只有获得院校认证后才能进行专业认证。专业认证由高等教育认证委员会认可的专业认证组织或学术团体制定标准和准则,对自愿申请高校的专业进行评估。由于大学专业门类繁多,彼此差异性大,因此衡量标准不统一[2]。

(3)大学排名。以《新闻周刊》为代表的新闻媒体,从1983年起推出的美国高校排行榜、世界大学排行榜,逐渐成为美国高等教育质量保障体系的重要组成部分。第三方评估认证是美国模式的主要特征,其特点是官方不设立专门的评估机构,而通过非政府组织进行认证和排名,以此确保研究生教育质量,而众多认证组织进行认证也需要经过社会机构(如高等教育认证委

---

[1] 黄好.中美高等教育评价范式演进及比较研究[D].长沙:湖南大学,2021.
[2] 李武军.美国高等教育专业认证研究[D].武汉:华中师范大学,2009.

员会)或官方机构(如联邦教育部)的许可[1]。

二、美国研究生教育评价的政策变化[2]

(一)保留研究生院和科研部门独立架构

由于研究生工作与科研工作高度相关,研究生院和科研部门的协同对研究生教育有重要作用。贝克委员会开展了研究生院和科研部门机构设置的调研,对同类型的18所学校研究生院院长进行了访谈,发现当前存在两种类型的机构设置,一是研究生院和科研部门独立,二是研究生院和科研部门合而为一。在调研的18所学校中,有4所采取合并结构,14所采取独立结构,也有部分学校两类结构都采用过。贝克委员会认为现有的独立结构更能满足学校发展需求,建议继续保持现有结构,但要求两个部门的负责人紧密合作。贝克委员会认为研究生院应该实现三个目标:形成更有效的管理结构,与相关管理部门进行更好的沟通,更有效地利用教师和学生的时间。

(二)改变博士生教育补贴的资助模式

弗里曼委员会发现在同类学校中,俄亥俄州立大学博士生教育处于明显落后状态,该校培养博士的效率逐步下降,而硕士生项目则快速发展。造成这种现象的原因是博士生项目的资助模式不合理。学校预算模型以学生获得

---

[1] 霍丹.国际比较视角下我国研究生教育质量保障体系研究[D].南京:南京航空航天大学,2013.
[2] 蒋林浩,黄俊平,陈洪捷,等.学科评估体系实践与影响的国际比较研究[J].学位与研究生教育,2020(4).

学分情况为衡量标准来分配国家补贴，硕士生根据前 50 学分课程的成绩高低来进行分配，博士生则要求获得 50 个学分才可得到补贴。学校评议委员会对博士生获得补贴设定了上限，博士生需要通过完成学分来获得补贴，而不是通过卓越的科研成就来获得补贴，这使得博士生项目受到了抑制。除此之外，影响博士生教育发展的问题还包括：一是博士生要缴纳的税务和服务费用增加了；二是对于已获得外方研究资金资助的学生，科研管理办公室不再提供长期的费用授权。这意味着博士生的资助金额相比以往减少了。弗里曼委员会还发现，不同博士生项目的质量参差不齐。部分原因是学校没有对学生质量进行控制，同时学生从硕士转为博士几乎是零成本。委员会提出，要根据博士生项目质量进行资金分配，并开发了评价的关键指标。过去的预算模式是按照学生数量进行资金分配，因而阻碍了一流博士生项目的发展，因此必须改变资助模式，以帮助学校进入全国博士生教育顶尖行列。

（三）建立博士生教育绩效拨款机制

贝克委员会提出研究生院在研究生教育方面的资金分配工作非常重要，学校应拿出额外预算专门用于提升研究生教育水平，研究生教育经费应主要用于资助学术型的博士学位项目。委员会提出了新的资金分配原则：一是在奖学金分配上，主要用于招收高质量的新生，提高学生多样性，缩短学生毕业年限；二是尽早发出对新生的招收承诺。以往俄亥俄州立大学学生支持资金的分配主要是依据一个简单的量化公式来进行，主要影响因素是学生每学期获得的学分，获得学分越多，博士点项目获得的经费就越多。从 2008 年起，俄亥俄州立大学开始使用学生毕业年限、GRE 分数、就业情况、学生多样性、项目博士生在全国占比、项目总体质量等来决定博士点项目的拨款。

（四）加强院系在质量监控中的主体角色

贝克委员会认识到质量评估具有模糊性和非统一性，因此认为最好由各学院自己负责和决定如何实现不同领域的平衡、不同奖学金的测算、不同项目的目标。研究生院的主要职责是对各研究生项目进行质量监控，负责不同学院的研究生项目投资。通过强化院系的质量监控责任，赋予院系内部的资金分配权力，调动各院系在质量监控方面的积极性。

三、美国研究生教育质量评估系统的特征——以博士点评估为例[①]

美国博士点评估方法经历了三个阶段。第一阶段是声誉评估（1982年以前），第二阶段是声誉评估的拓展和客观量化指标的融入（1982年、1995年），第三阶段转向客观量化指标（2006年）。从评估指标来看，美国博士点评估一级指标包括研究活动、学生资助与结果、多样性3项；二级指标有20项，三个阶段评估的指标均有所调整和变化。2006年评估方法（客观量化指标）包括问卷调查和测量统计，问卷调查主要包括院校调查、项目调查、教师调查、学生调查和教师评价。美国博士点评估组织方美国国家研究委员会（NRC）属于第三方机构，其评估结果并没有与政府拨款挂钩。然而，鉴于组织方NRC的学术权威性、评估过程的专业化和评估方法的客观性，使得该评估在美国同类的第三方机构评估中有更突出的地位，其评估学科排名被学界公认为最权威的学科排名。例如哈利特·祖克曼（Harriet Zuckerman）和罗纳

---

① 蒋林浩，沈文钦. 美国高校博士点项目内部评估研究：以俄亥俄州立大学为例[J]. 清华大学教育研究，2016(3).

德·埃伦伯格（Ronald Ehrenberg）认为该评估排名比美新社的排名更值得参考，是研究生学科点质量评估中"最全面、最可靠的"评估。但是，美国博士点的纯量化评估也受到很多人文社科学者的异议。美国芝加哥大学统计学者史蒂芬认为，NRC 在没有声誉评估的情况下采用论文发表数据并无法验证学科特别是人文学科领域的论文发表质量。综合各方数据和文献发现，美国高等教育学科评估有四方面特征。

（一）从声誉调查向量化评估转变

1982 年评估采取的声誉调查主要调查教师的学术质量、博士生的培养效率和质量等。1995 年评估采取的声誉调查沿用了这 3 个一级指标。声誉调查要求教师按等级量表对参评博士点进行评分，2006 年评估虽然要求教师按 6 个等级进行主观评价，但主观评价的作用发生了很大的变化。首先，评估对象从"教师的学术质量"转变为"博士点的总体质量"；其次，之前的主观评价涉及所有参与评估的博士点，本次主观评价仅涉及部分博士点；最后，改变了同行评价的使用方法。1982 年和 1995 年的同行评估结果是评价博士点质量的重要依据，2006 年的同行评估结果用 20 项客观定量数据进行回归分析，并通过回归系数确定各客观指标的权重，意图通过纯粹定量分析方法来增强评估方法的客观性。

（二）从规模数据向人均和比例数据转变

1982 年评估的规模数据有 6 项，包括教师规模、毕业生规模、在校生规模、图书馆规模、经费规模、论文规模，人均数据有 0 项，比例数据有 4 项。1995 年评估的规模数据减少到 5 项，包括教师规模、奖励规模、在校生规模、女学生规模和毕业生规模，人均数据有 0 项，比例数据有 12 项。2006 年评估的规模数据为 0 项，人均数据有 6 项，比例数据有 10 项。可见，评估指标中的规模数据逐步减少，人均数据和比例数据逐步增多，它主要考察各博士点的人均学术成果、博士生培养效率和质量，并减少了规模数据在评估结果中的支配作用。

（三）增加多样性数据

多样性是现代高等教育制度的基本特征之一。20 世纪 70 年代，多样性概念正式进入高等教育研究领域，美国测量高等教育多样性的指标主要包括少数族裔、女性、国际学生数量等。1982 年评估不涉及多样性数据，1995 年评估开始比较少数族裔和女性学生的比例，2006 年评估进一步增加了国际学生的比例指标。可见，多样化数据在美国博士点评估中的重要性愈发突出，产生这种现象的主要原因与美国社会阶层构成的多样化有关。

（四）关注学科差异

1982 年评估未区分教师学术产出的学科差异，主要统计指标是理工科博士点教师发表文章的总量。1995 年评估专门区分了人文艺术学科和理工学科指标，在学术产出指标上，主要考察人文艺术学科博士点教师的获奖数和理工学科博士点教师的论文发表数、被引用数等。2006 年评估上述两类学科博士点时均考察了教师的论文发表数和获奖数，但人文艺术学科教师的论文发表数和被引用数由各博士点上报，理工学科则从相关数据库直接提取。

第四节 欧美国家研究生教育质量评价的发展趋势[①]

随着高等教育普及化时代的到来,欧美国家的研究生教育质量评价发展呈现以下趋势。

一、在评估组织上,逐步走向规范化、科学化和公开化

在评估组织上,学界对学科评估提出了规范化、科学化和公开化的要求。总体上看,美国博士点评估和英国科研评估的组织工作,从评估启动到结果发布历时3~4年,其过程包括:方案确定、方法和指标研究、数据收集、数据核实、专家确定、数据分析、发表结果等,其中有2年的时间用于方案、方法和指标研究。同时,公开评估的过程、方法和结果的相关数据,有利于学界对评估过程进行检验和监督。

二、在评估方法上,继续采用量化评估与同行评估相结合的方式

评估方法从声誉评估转向量化评估已成为国际趋势。美国博士点评估方法经历了从声誉评估到量化评估和声誉评估相结合,再到纯量化评估的过程。为应对社会对声誉评估公正性和客观性的质疑,美国博士点评估在2012年评估中去除了声誉评估。英国科研评估则在以材料为基础的同行评估方法的基

[①] 蒋林浩,沈文钦.美国高校博士点项目内部评估研究:以俄亥俄州立大学为例[J].清华大学教育研究,2016(3).

础上,开始考虑加入计量数据。多数专家认为,声誉评估代表学术共同体的同行意见,能弥补量化评估的不足和缺陷。量化评估和同行评估两种方式各有利弊,应相互结合使用。我们认为,我国一级学科评估应继续沿用量化评估与同行评估相结合的方法,注重人文社会科学与自然科学、基础研究与应用研究之间的差异,形成量化评估与同行评估相得益彰、相互验证的科学评估方法。

三、在评估指标上,逐步实现三个转变

评估指标实现了三个转变:一是从规模指标向人均指标和比例指标转变。美国2006年博士点评估主要采用人均指标和比例指标,以避免规模效应。二是从非连续数据向连续数据转变。在评价教师学术产出方面,美国博士点评估主要考察教师学术论文发表的情况。三是从共线性指标向独立性指标转变。从计量统计分析看,学科评估结果为因变量,各项指标为自变量,在理想情况下,各项自变量之间应排除共线性,具有独立性。

四、在评估内容上,兼顾人才培养和社会服务功能

人才培养和社会服务是大学功能的重要内容。然而,国际上对于人才培养和社会服务评价指标的选择仍然存在较大困难,主要原因为部分数据的不易获得(譬如用人单位对毕业生的满意度、毕业生的社会服务范围和影响度等)和部分评估指标缺乏客观性(譬如博士论文的质量、社会服务产生的效益等)。在人才培养的评估上,美国博士点评估更多地采用了反映博士生教育

质量的指标，例如学生获得资助的比例、学生 GRE 平均分、博士毕业生平均数、博士毕业生平均完成率、博士毕业生修业年限、博士毕业生获得固定学术岗位的比例等。2014 年 REF 专门增加了科研成果的影响力指标，考察研究成果的社会服务效果。其对科研成果影响力的评估采用案例评估的方式，即在提交的评估材料中，根据要求提交完整的说明，并附上科研成果对其他社会领域产生具体影响的案例。为确定其评估方法，英国高等教育资助委员会进行了试点研究，发现高等教育机构能够为其研究成果影响力提供有力证据，但它们所提供的案例还需进一步完善。

五、在评估结果应用上，慎重与政府拨款挂钩

学术声誉是高校最为珍贵的资源，作为学科水平的衡量工具，博士点评估、科研评估和学科排名在各国高等教育界扮演了重要的角色。在评估结果的应用上，我们既要看到学科评估的积极作用，也要看到其负面效应。英国科研评估与政府拨款挂钩后产生的种种负面影响也提醒我们，对学科评估结果与拨款挂钩须持谨慎的态度，以防学术界出现虚假繁荣、学术泡沫，或者学术界的"明星"学者成为各高校、机构竞相争抢的对象，成为高价值的稀有商品等现象。

第五章 中国研究生教育发展展望

第一节 加快发展高质量研究生教育

2018年5月，习近平总书记在北京大学师生座谈会上发表重要讲话指出，"高等教育是一个国家发展水平和发展潜力的重要标志。今天，党和国家事业发展对高等教育的需要，对科学知识和优秀人才的需要，比以往任何时候都更为迫切"。研究生教育是国民教育体系的顶端，是科技第一生产力、人才第一资源、创新第一驱动力的结合点，是国家抢占科技战略制高点的"战略资源"和创新型国家建设的核心要素。新中国成立70多年来，我国研究生教育始终面向国民经济主战场、面向国家重大需求、面向世界科技前沿，为我国各行各业培养了大量高层次创新型人才，在经济发展和社会建设中发挥了重要的高端引领与战略支撑作用。

近些年来，党和国家高度重视研究生教育，先后出台多项重要举措，进一步明确研究生教育战略地位，不断加大研究生教育改革力度，强化政策供给保障，简政放权，转变治理方式，深化研究生教育投入机制改革、学位授权审核制度改革、研究生招生考试制度改革、研究生培养模式改革，持续推动研究生教育结构调整，构建学位与研究生教育质量保证与监督体系，统筹推进世界一流大学和一流学科建设。总体而言，我国研究生教育改革在加速、力度在加强、制度在完善，研究生教育已实现从无到有、从小到大的历史性积累，正处于从规模化发展向高质量提升、从内涵式建设向卓越化建设的历史性转折和划时代跨越的重要时期。

进入 21 世纪，全球科技创新空前密集活跃，新一轮科技革命和产业变革正在重建全球创新版图、重塑全球经济结构、重构全球竞争格局。当今世界正经历百年未有之大变局，我国正处于实现中华民族伟大复兴关键时期，我们迎来了世界新一轮科技革命和产业变革同我国转变发展方式的历史性交汇期，既面临着千载难逢的历史机遇，又面临着竞争日益激烈的严峻挑战，我国要实现整体科技水平的战略性转变，实现从大国向强国的历史性超越，教育是基础，人才是根本，研究生教育是重要支撑。关键领域、核心技术领域的人才必须立足国内自主培养，现代化建设的各领域、各行业的创新型人才必须立足国内自主培养。随着改革开放 40 多年发展，我国研究生教育发展迅速，已成为世界研究生教育大国。进入新时代，研究生教育的战略地位更加凸显，加快发展高质量研究生教育的战略意义更加凸显，要加快提升竞争力和创新力，培养更多更优秀的社会主义建设者和接班人。

一、研究生教育是国家发展战略的重要支撑

2014 年 11 月，国务院副总理、国务院学位委员会主任委员刘延东在全

国研究生教育质量工作会议暨国务院学位委员会第三十一次会议上指出，研究生教育的战略地位日益凸显，质量提升的紧迫性更加突出。从历史地位看，研究生教育对实现国家战略、促进现代化强国建设具有重大意义；从肩负的使命看，研究生教育是我国实现创新驱动发展、促进经济提质增效升级的重要支撑；从面临的主要问题看，提高质量、内涵发展是新时代研究生教育的核心任务。刘延东同志强调指出："面对新形势新要求，我们必须坚定不移地推进改革，使研究生教育成为高端人才的聚集器，汇聚和造就有全球竞争力的优秀人才，形成新的'高端人才红利'；成为国家科技创新的倍增器，产出更多更好的科研成果，使创新成为驱动发展的内生动力和主导力量；成为中华优秀文化传承创新的推进器，集成世界文明之优长，兼具跨文化对话之视野，为传播中华文化、促进人文交流贡献力量。"

党的十九大报告对新时代中国特色社会主义发展的战略安排是从全面建成小康社会到基本实现现代化，再到全面建成社会主义现代化强国。"强国"一词在党的十九大报告中出现19次，包括1个总目标——全面建成社会主义现代化强国，12个强国建设任务，分别为教育强国、人才强国、制造强国、科技强国、质量强国、航天强国、网络强国、交通强国、海洋强国、贸易强国、文化强国、体育强国等[1]。其中，教育强国建设是中华民族伟大复兴的基础工程，对其他强国建设任务具有重要支撑作用。建设研究生教育强国是教育强国的应有之义。我国已建成了世界上规模最大的高等教育体系，2018年高等教育毛入学率达到48.1%，即将由高等教育大众化阶段进入普及化阶段。要加快一流大学和一流学科建设，实现高等教育内涵式发展，发展卓越有灵

---

[1] 黄海军，邓友超. 教育强国 强在内涵 [N]. 光明日报，2018-06-12.

魂的研究生教育，着力推动我国由研究生教育大国向研究生教育强国迈进。

同时，党的十九大报告提出了科教兴国战略、人才强国战略、创新驱动发展战略、乡村振兴战略、区域协调发展战略、可持续发展战略等 13 项国家战略。研究生教育与这些国家战略密切相关、密不可分。我国研究生教育必须紧紧围绕中心、服务大局，能够支撑和引领国家战略，共同推进社会主义现代化强国建设。在经济建设中，研究生教育深度融入创新驱动发展战略、乡村振兴战略、区域协调发展战略、可持续发展战略和开放战略[1]，发挥科研引领作用，提供高级智力和高端人才支撑；在社会建设中，研究生教育对于促进就业、提高收入、提高社会保障水平、实施健康中国战略、加强社会治理等方面，都具有重要的人才与智力支撑和保障作用。

二、研究生教育是创新人才培养的重要根基

人才培养水平是衡量高校办学水平的根本标准，也是衡量一个国家发展水平和发展潜力的重要标准。只有培养出一流人才的大学，才是世界一流大学；只有培养出一流人才的国家，才能站立在世界舞台中央，成为世界经济中心、科技中心和学术中心。邱勇认为，本科教育是培养一流人才最重要的基础，是一流大学的底色，体现了学校的传统和特色；博士生教育是学历教育的最高层次，体现出一所大学人才培养的高度，代表着一个国家的人才培养水平[2]。知识经济时代，人类社会发展正面临着前所未有的复杂问题，要解决这些问题，必须拥有一支具有创造性的人才队伍。研究生教育就是培养知

---

[1] 张力. 如何理解 2035 年教育现代化目标 [N]. 光明日报，2019-03-19.
[2] 邱勇. 一流博士生教育 体现一流大学人才培养的高度 [N]. 光明日报，2017-12-05.

识渊博、有效率和富有创新精神的人才。只有创造性地、创新性地把所学知识和技能应用到实践中，才能促进国家经济社会可持续发展。比如，美国的研究生教育重视对学生解决问题能力、冒险精神和文化意识等综合能力的培养，以增强国家在应对政治挑战、疾病防治和自然灾害等方面的处理能力，为提高国民生活水平和保障国家安全作出了重要贡献。

经过40多年的努力和发展，我国研究生教育在创新型人才培养方面取得了重要进展。2019年中国科学院、中国工程院新增选的院士中，90%以上在中国境内接受过研究生教育，近80%由中国高校和科研院所授予最终学位（硕士或博士），说明我国立足国内自主培养高层次人才的战略部署成效显著。2019年国家科技奖的自然科学奖一等奖得主周其林院士说："我们做科研也是以教育为目的，培养创新型的人才。"如今他已培养了70多名博士和硕士，大多在国内外知名大学、研究机构和制药公司工作，成为单位的科研骨干[①]。2016年人社部、全国博士后管委会印发《博士后创新人才支持计划》，启动实施"博新计划"，瞄准国际人才竞争及未来高精尖人才储备进行战略布局，是我国培养高层次创新型青年拔尖人才的重要举措。对入选的753人的调查显示，博新人员共获批专利855项，22人次获重要的国家和国际奖励[②]。研究生勇立创新创业潮头。2019年第五届中国"互联网+"大学生创新创业大赛高教主赛道中，金奖及以上奖项获奖团队负责人近90%为在读研究生或毕业5年内研究生。

在传统知识生产中，博士毕业生主要流向高校和科研机构，随着知识生

---

① 赵永新. 2019年国家自然科学奖一等奖获得者周其林：把解决科学问题作为第一目标[N]. 人民日报，2020-01-13.

② 赵兵. 博士后创新人才支持计划实施3年多：培养国家未来科技创新主力军[N]. 人民日报，2019-12-20.

产的社会弥散，博士毕业生广泛流向社会各部门[①]。美国和经合组织的调查均显示，社会对更高技能和更高学历的雇员的需求日益增长，2015—2019 年总体上接近一半的博士学位获得者首次就业选择进入企业、政府和非营利机构工作。据统计，2018 年教育部直属高校博士毕业生到教学科研机构就业的比例约为 50%，全国博士毕业生到高校和科研机构就业的比例约为 38%[②]。研究生就业特别是博士生就业日益多元化，且与发达国家日益趋同。不过，非学术劳动力市场对于博士毕业生的接纳能力取决于一国经济、科技的发展水平，马来西亚和泰国的案例显示，只有企业创新程度到达一定的水准，才需要聘用更多的博士毕业生。

三、研究生教育是国家创新力的重要基石

研究生教育在世界重大变革和科技创新中发挥了重要作用，近代以来大部分重大科学发现和知识创新都是由研究型大学推动的[③]。习近平总书记多次强调，创新驱动实质上是人才驱动。放眼国际知名一流大学，无不具有一流的研究生培养实力，无不以培养一流的研究生为重要标志[④]。可以说，没有强大的研究生教育，就没有强大的国家创新体系。美国研究生院理事会 2007 年发布《研究生教育：美国竞争力与创新力的支柱》提出，研究生教育不仅是未来科学与工程领袖的源泉，而且是国家强盛和繁荣不可缺少的基石，是美

[①] 秦琳.博士生教育改革的逻辑、目标与路向：知识生产转型的视角 [J].教育研究，2019(10).
[②] 洪大用.为新时代研究生教育发展提供更好的智力支撑 [J].学位与研究生教育，2020(1).
[③] 刘延东.在全国研究生教育质量工作会议暨国务院学位委员会第三十一次会议上的讲话 [N].中国教育报，2015-01-05.
[④] 刘延东副总理在国务院学位委员会第三十三次会议上的讲话 [J].学位与研究生教育，2017(4).

国竞争力和创新的支柱；美国作为世界经济领导者的成功源于出色的研究生教育；要保持美国未来的繁荣与安全，加强作为国家竞争力与创新力支柱的研究生教育，刻不容缓[①]。

知识经济时代，经济的发展不是基于"物品"的生产，而是基于能带来科技进步的"创意"的产生。这些创意往往来自一些博士项目培养的技能高超的个人，因此持续培养足够的科学和工程领域的博士研究生对于创意的产生至关重要。同时，科学创造从依靠研究者个人兴趣和单一学科探究的"小科学"时代，发展到依靠系统化、大规模、跨领域的"大科学"时代，大学所进行的研究活动体现着国家意志，极大地促进了国家创新能力的提升。2011年，美国研究生院理事会和美国教育考试服务中心联合发布《前进之路——美国研究生教育的未来》，提出美国的全球竞争力和创新能力从根本上来讲依赖于一个强大的研究生教育体系；研究生人才具备高级的知识和批判性思维的能力，面对能源独立、可负担的健康保健、气候变化等一系列重大挑战时可以设计出有效的解决方案；人才是国家最重要的资源之一，必须加大投入，为国家培养更多的研究生人才以保障美国的创新能力和未来在知识方面的领先地位[②]。得益于成功的研究生教育体系，高水平科技和创新能力使得美国在全球经济中始终保持着强有力的竞争力并扮演着重要角色。可以说，研究生教育是战略性投资、战略性资源。2019年华为招聘时指出："要打赢未来的技术与商业战争，技术创新与商业创新双轮驱动是核心动力，创新就必须要有世界顶尖人才，有顶尖人才充分发挥才智的组织土壤。"大量训练有素

[①] 廖晓玲，陈十一.《研究生教育：美国竞争力与创新力的支柱》解读[J].学位与研究生教育，2013(4).

[②] CGS & ETS.前进之路：美国研究生教育的未来[EB/OL].(2019-11-25). http://www.fgereport.org/rsc/pdf/cfge_report_ch.pdf.

的研究生毕业生在大学、国家实验室和企业等单位开展着突破性的创新研究，直接推动着经济持续增长和国家的繁荣。

发达国家研究生教育改革以提升博士生科研能力以及对国家创新能力的贡献为核心目标。日本顶尖的30所世界一流大学计划和21世纪COE计划（center of excellence project），所针对的就是有博士教育的大学研究生院，在关键学科重点建设"世界的研究教育基地"。德国2006年"大学卓越计划"分为三个层次，包括研究生院计划、研究团队计划、精英大学计划。2019年第三轮计划名称由"卓越计划"改为"卓越战略"，采取"卓越集群"和"卓越大学"两条资助路线，卓越集群是面向大学以项目方式资助的具有国际竞争力的研究领域[1]。这些计划或战略都是以研究生教育和研究为中心进行的。

研究生教育在根本上决定着创新驱动发展战略的实施成效和进展。习近平总书记指出，"实践反复告诉我们，关键核心技术是要不来、买不来、讨不来的"。只有把关键核心技术掌握在自己手中，才能真正掌握竞争和发展的主动权，才能从根本上保障国家安全。2019年我国高校获得国家科技奖的比例创新高。高校作为第一完成人所在单位获得国家自然科学奖总数的69.6%，获得国家技术发明奖总数的83.0%，获得国家科学技术进步奖总数的60.3%[2]。这充分体现了高校在基础研究和重大原始创新中的重要地位，为国家科技进步、核心技术攻关、经济社会发展作出的重要贡献。我国研究生群体已成为国家创新体系中最为活跃的生力军。据统计，2010年至2016年，国家自然科学基金的各类资助项目的研究人员总数中，硕士研究生占比约为27.3%，博士研

---

[1] 陈洪捷."双一流"建设，学科真的那么重要吗[N].中国科学报，2019-11-27.
[2] 孙竞.高校获得国家科技奖比例创新高 有"数量"更有"质量"[EB/OL].(2020-01-10). http://edu.people.com.cn/big5/n1/2020/0110/c367001-31543765.html.

究生占比约为20.3%[1]，在校研究生对我国国际高水平论文的贡献率约为34%。嫦娥飞天、蛟龙入海，在航天、深海探索等国家重大科技领域，活跃着一群奋发有为的青年人；嫦娥团队、神舟团队成员平均年龄是33岁，北斗团队成员平均年龄是35岁，基本是我国自主培养的优秀研究生。

四、研究生教育是国际竞争力的重要支柱

2018年5月，习近平总书记在两院院士大会上发表重要讲话指出，"硬实力、软实力，归根到底要靠人才实力"。2012年12月，习近平总书记在广东考察工作时发表重要讲话指出："中国这么多人，教育上去了，将来人才就会像井喷一样涌现出来。这是最有竞争力的。"教育上去了，包含教育规模、教育层级和教育质量上去了，特别是高级阶段教育的规模和质量上去了。研究生教育对培养在全球经济中开拓创新并担当领军人物的人才尤其重要，一个强大的研究生教育体系对增强国际竞争力至关重要。高等教育特别是研究生教育投资，就是国际竞争力投资。

研究生教育被誉为美国高等教育界皇冠上的明珠，吸引了来自世界各地才华横溢的学生，为提升美国国家综合实力和国际影响力作出了贡献[2]。1997年至2009年，一半以上的诺贝尔化学奖、物理学奖、生理学或医学奖、经济学奖得主都是在美国获得的研究生学位[3]。在美国读研究生的国际学生占研究生总数的24%，大大高于经合组织国家19%的平均数。美国研究生教育着重

---

[1] 刘延东副总理在国务院学位委员会第三十二次会议上的讲话[J].学位与研究生教育，2016(3).
[2] CGS & ETS.前进之路：美国研究生教育的未来[EB/OL].(2019-11-25). http://www.fgereport.org/rsc/pdf/cfge_report_ch.pdf.
[3] 博克.大学的未来[M].北京：中国人民大学出版社，2017.

培养学生的创造力、问题解决能力，以及跨文化、跨区域、跨学科的研究能力，使学生能够满足全球化进程中企业发展的需求。美国认为，即使美国研究生教育培养的外国学生回到他们的祖国，这些高素质的专业人士仍可以建立协作桥梁来担任美国的"大使"，提高美国的国际影响力。以富布赖特项目为例，其中 20 位曾经受到过资助的学者后来成为所在国家的元首。欧洲以前忽视研究生教育的国家已开始大规模地进行资源配置来提升它们的研究生教育的吸引力、竞争力。博洛尼亚进程启动以来，欧盟千方百计增强欧洲研究生教育的竞争力，吸引各国优秀学生攻读其博士学位。当前世界各国都将博士生教育改革议题置于吸引全球优秀科研人才、提升国家创新能力的战略高度进行规划[①]。发展中国家也积极对标全球参照系，对博士生教育进行政策干预，实现科研人才培养的加速追赶。

美国研究生教育在全球范围内被称为"黄金标准"，在吸引全球优秀人才、围绕前沿领域研究培养人才、高水准创新性成果产出等方面，一直处于领先地位。但美国研究生教育也存在一些突出问题，如本土本科生读研意愿不强，大多数本科毕业生不愿意进一步深造；获得学位年限过长，每个学位获得并没有一个固定的年限；博士生退学率高，据估计，博士生的退学率在 40% 和 50% 之间（以加州大学伯克利分校博士生为例，从生物专业的 29% 到语言和文学专业的 63%）；对于大多数学生来说，资金支持是影响他们获得博士学位的最关键因素；人文、数学、物理、社会科学和生命科学的研究生中大概只有不足 25% 的人可以在 5 年内获得学位[②]。我们在认真研究、借鉴、

---

① 秦琳. 博士生教育改革的逻辑、目标与路向：知识生产转型的视角 [J]. 教育研究，2019(10).
② CGS & ETS. 前进之路：美国研究生教育的未来 [EB/OL]. (2019-11-25). http://www.fgereport.org/rsc/pdf/cfge_report_ch.pdf.

参考美国研究生教育有益经验的同时，必须对其存在的不足和问题进行客观、深入、全面的分析。我国研究生教育经过40多年的发展，表现出一些明显特色和优势。我国大学生读研意愿强烈，报考研究生人数大幅递增。我国研究生资助政策较为完善，辍学率低。2013年3月，财政部等三部门印发《关于完善研究生教育投入机制的意见》，完善了研究生教育投入机制各项政策措施，从制度上保证研究生不因家庭经济困难而失学。我国研究生毕业年限相对较短，多数研究生能按培养方案规定年限按期毕业，这提高了研究生教育系统效率，为经济社会发展提供了大批急需的高层次专门人才。而且，我国良好的科研条件为研究生教育发展提供了前所未有的有力支撑。《2017年高等学校科技统计资料汇编》显示，我国各类高校教学与科研人员约103万人、研发人员39万人、科技经费投入1 537亿元、研发经费投入940亿元、国际科技交流合作研究派遣人员4.6万人次、国际级项目验收4 628项。

五、研究生教育是教育现代化的重要先导

教育现代化是教育高水平的发展状态，是教育发展理念、发展方式、体系制度等全方位的转变。《中国教育现代化2035》对高等教育现代化作了质的外在规定性，提出主要发展目标是高等教育竞争力明显提升。研究生教育现代化的内在规定性，关键是要看发展理念、质量观念、体制机制等是否符合现代化的要求。研究生教育具有高端人才和智力密集的优势，对各级各类教育具有引领示范作用，在教育现代化中理应走在前列[1]，成为教育现代化乃至

---

[1] 刘延东副总理在国务院学位委员会第三十二次会议上的讲话[J]. 学位与研究生教育，2016(3).

国家现代化的先导。

近些年，硕士、博士到中学任教成为热门话题，北上广深等大城市的一些知名中小学招聘了不少来自顶尖高校的硕士、博士，这对提高我国基础教育水平，推进教育现代化至关重要。不过这一现象仅出现于少数地区和个别优质学校，大多数学校尤其是广大农村学校，其教师资源、教师质量问题仍是亟待解决的难题[①]。我国基础教育领域的优秀人才还远远不够，缺口很大，小学教师学历以专科为主，中学教师学历以本科为主。《中国教育概况——2017年全国教育事业发展情况》显示，全国小学专科及以上学历教师比例为95.3%，初中本科及以上学历教师比例为84.6%，普通高中本科及以上学历教师比例为98.2%。国际上，芬兰、德国等国中小学教师一般都具有硕士以上学历。芬兰1978年基础教育法规定，中小学教师至少要具备硕士学位[②]。德国过去要求中小学教师通过等同于硕士学位的国家考试，1999年后大多数州的教师教育法规定要取得硕士学位[③]。2011年美国公立中小学教师具有硕士及以上学历的教师比例为56.4%[④]。日本2016年公立小学硕士以上学历教师占比为4.6%[⑤]。相比而言，我国基础教育的师资层次还要大力提高。

研究生教育要为建立具有先进理念、先进模式、高质量的高等教育体系做出贡献。教育现代化是全面的教育现代化，是教育体系的现代化。在教育体系中，我国基础教育体系相对成熟，制度相对完备，教育质量相对较高。

[①] 丁雅诵. 让更多优秀的人才进入中小学教师队伍（行与思）[N]. 人民日报，2019-12-22.
[②] 黄海军. 芬兰的高质量教师从何而来 [N]. 中国教育报，2017-12-01；康建朝，李栋. 芬兰基础教育 [M]. 上海：同济大学出版社，2015.
[③] 秦琳. 德国基础教育 [M]. 上海：同济大学出版社，2015.
[④] 赵章靖. 美国基础教育 [M]. 上海：同济大学出版社，2015.
[⑤] 日本文部科学省"平成28年度学校教员统计调查"[EB/OL]. (2018-03-28). https://www.mext.go.jp/component/b_menu/other/__icsFiles/afieldfile/2018/03/28/1395303_01.pdf.

而留学热则反映了我国研究生教育体系的相对薄弱。我国研究生教育起步晚,规模一直相对较小,近年来发展迅速,成就卓然。我国研究生教育制度在借鉴发达国家有益经验的基础上,更好地结合我国国情和时代特征,不断探索和走出了一条具有鲜明中国特色、行之有效的独特道路。这是我国高等教育对世界高等教育的贡献,是我国教育现代化的重要方面,也是支撑教育现代化的重要保证。我国研究生教育在研究生资助政策、规范化培养、多元化管理、战略规划与政策保障等制度层面,独特优势日益明显,特色亮点日益鲜明,在推动研究生教育从大国走向强国的历史进程中,对我国教育现代化体系的完善与提升,对世界高等教育和研究生教育发展,贡献了中国经验和中国智慧。

六、研究生教育是高校师资队伍的重要支撑

研究生教育肩负着为未来培养师资的重要使命。1951年10月,中央人民政府政务院颁布《关于改革学制的决定》,规定"大学和专门学院得设研究部,……,与中国科学院及其他研究机构配合,培养高等学校的师资和科学研究人员"。1978年11月,教育部印发《全国重点学校暂行工作条例(试行草案)》(新的"高教六十条"),规定研究生的培养目标是科学研究人才和高等学校师资[1]。

师资队伍是高等教育质量的决定性因素。美国学者德里克·博克认为,博士项目仍是目前高等院校教师队伍的主要来源,博士项目的质量对高等院

---

[1] 吴镇柔,陆叔云,汪太辅.中华人民共和国研究生教育和学位制度史[M].北京:北京理工大学出版社,2001.

校教学质量的影响不容小觑，学校无法培养出合格人才来充分履行教师的职责，这无疑也导致美国本科生教育的改革进程十分缓慢[①]。当前我国高校专任教师的博士学历比例偏低，教育部直属高校专任教师中具有博士学位的比例近 70%，部委高校约为 60%，而地方高校约为 17%。2016 年我国研发机构研发人员队伍中拥有博士学位的比例为 18%，拥有硕士学位的比例为 36%[②]。两组数据都反映出我国对博士学位人才的巨大需求。《学位与研究生教育发展"十三五"规划》提出研究生培养目标是，保持研究生培养规模适度增长，千人注册研究生数达到 2 人，在学研究生总规模达到 290 万人。2019 年我国研究生招生 90 多万人，其中硕士生招生达到 80 多万人，博士生招生超过 10 万人，有力地保障了研究生教育"十三五"规划目标顺利实现。2019 年我国硕士研究生报考人数达 341 万，考研人数逐年增加。考研热的持续，一定程度上为未来高校师资学历和质量提升提供了优秀的人才保障。

教育部《关于全面落实研究生导师立德树人职责的意见》指出，研究生导师是我国研究生培养的关键力量，肩负着培养国家高层次创新人才的使命与重任，要努力造就一支有理想信念、道德情操、扎实学识、仁爱之心的研究生导师队伍。在庆祝新中国成立 70 周年之际，国家授予了三位教育工作者"人民教育家"国家荣誉称号，其中，中国人民大学经济学博士生导师卫兴华教授、刑法学博士生导师高铭暄教授获此殊荣。研究生教育是社会主义强国建设各领域专门人才的重要来源，是建设创新型国家的核心要素。研究生导师肩负培养国家高层次创新人才的使命与重任，必须把立德树人作为首要职

---

① 博克.大学的未来[M].北京：中国人民大学出版社，2017.
② 王传毅，杨佳乐.中国博士教育规模扩张：必要性、可行性及其路径选择[J].中国高教研究，2019(1).

责、以德立身、以德立学、以德施教，做研究生成长成才的指导者和引路人，为实现第二个百年奋斗目标、实现中华民族伟大复兴的中国梦，着力培养德才兼备、全面发展的高层次专门人才。

七、研究生教育是一流大学建设的重要标志

研究生教育是世界一流大学崛起的重要引擎。世界一流大学崛起史就是其研究生教育崛起史[1]，正是一流的研究生教育引领着世界一流大学的发展，进而推动世界科技中心的转移。1810年，德国柏林大学开创了现代研究生教育的先河，把人才培养与科学研究紧密结合，从而跻身世界一流大学行列，德国也很快取代法国成为世界科技中心。美国大学历史上远远落后于欧洲，19世纪中后期，美国曾有成千上万人留学欧洲[2]。1876年，美国历史上第一所以研究生教育为主的大学——霍普金斯大学成立时，吉尔曼校长宣称，研究生教育和高一级教育是大学最重要的使命[3]。这一观点是对现代大学本质和发展规律的深刻洞见。霍普金斯大学很快成为美国最著名的一流大学，形成了"霍普金斯效应"。哈佛大学、芝加哥大学、密歇根大学、康奈尔大学、普林斯顿大学、耶鲁大学等纷纷仿效，大力发展研究生教育，先后跻身于世界一流大学。1900年美国大学联合会（AAU）成立时，接受会员的基本标准就是研究生教育和研究。第二次世界大战以来，研究生教育尤其是博士生教育成为美国高等教育的重心[4]。美国重大的科学计划和工程都离不开研究型大学

---

[1] 白强. 一流大学视角下一流研究生教育的思考 [J]. 研究生教育研究，2017(2).
[2] 叶赋桂. 学术独立、一流大学与研究生教育 [J]. 学位与研究生教育，2009(4).
[3] WALTERS E. Graduate education today[M]. American Council on Education, 1965.
[4] 同②.

的参与，研究型大学成为推动美国知识创新和科技进步的骨干力量。到 20 世纪中叶，美国超越欧洲成为世界科技中心、学术中心和经济中心。

高水平研究生教育是世界一流大学和一流学科的突出特征[①]。世界一流大学亦被称为世界一流研究型大学，其主要使命是在开展高水平本科生教育的同时，着力进行较大规模的一流水平研究生教育特别是博士研究生教育[②]。这从大学的组织机构、在校本科生与研究生比例（简称"本研比"）两个侧面也可得到反映。如哈佛大学有 13 个学院，除哈佛学院和拉德克利夫学院是本科生学院外，其余 11 个学院均为专业研究生院，2016—2017 学年哈佛大学的本研比为 1∶2.1。同期，麻省理工学院的本研比为 1∶1.5，斯坦福大学的本研比为 1∶1.3，加州理工学院的本研比为 1∶1.3，芝加哥大学的本研比为 1∶1.4，绝大多数美国世界一流大学的研究生人数要多于本科生。2018—2019 学年，北京大学的本研比为 1∶1.8，清华大学的本研比为 1∶2.1，我国顶尖高校在校本科生与研究生比例结构与美国顶尖高校具有相似性。

欧洲研究型大学联盟 2016 年发布的《营造博士教育的质量文化报告》强调："博士生培养是研究型大学使命的核心。"日本学者黄福涛比较分析了 10 所世界一流大学后提出，世界一流大学更强调研究生特别是博士阶段的教育，更强调教师从事世界一流的研究活动[③]。研究型大学是以研究和研究生教育带动本科教育。历史和现实都显示，世界一流大学是以研究生教育为条件的，大力发展研究生教育和提升研究生教育质量是创建世界一流大学的不二法门[④]。只有研究生教育跻身世界前列，这所大学才可以称为世界一流大学。

---

① 刘延东副总理在国务院学位委员会第三十二次会议上的讲话 [J]. 学位与研究生教育，2016(3).
② 耿有权. "双一流"建设视域中的研究生教育 [J]. 学位与研究生教育，2016(8).
③ 黄福涛. 什么是世界一流大学的本科教育 [J]. 高等教育研究，2017(8).
④ 叶赋桂. 学术独立、一流大学与研究生教育 [J]. 学位与研究生教育，2009(4).

八、研究生教育是繁荣哲学社会科学的重要基础

哲学社会科学是人们认识世界、改造世界的重要工具，是推动历史发展和社会进步的重要力量。2016 年 5 月，习近平总书记在全国哲学社会科学工作座谈会上发表重要讲话指出，"一个国家的发展水平，既取决于自然科学发展水平，也取决于哲学社会科学发展水平。一个没有发达的自然科学的国家不可能走在世界前列，一个没有繁荣的哲学社会科学的国家也不可能走在世界前列"。

实施以育人育才为中心的哲学社会科学学科整体发展战略，构筑学生、学术、学科一体的综合发展体系，迫切需要研究生教育发挥重要作用。哲学社会科学学科人才培养，必须立足国内自主培养，这是由中国特色哲学社会科学学科的特殊性决定的。哲学社会科学的第一特性就是继承性和民族性，人才培养要用好三种资源，马克思主义资源是主体内容，中华优秀传统文化资源是十分宝贵、不可多得的资源，国外哲学社会科学资源是有益滋养。应学习和掌握好这三种资源，促进知信行合一，做到真学真懂、真信真用。成为一名优秀的中国哲学社会科学人才的先决条件，是要有高度的文化自信和文化自觉，熟知中华优秀传统文化，热爱党、国家和人民，文化底蕴深厚且能博采众长，坚持以中国人的世界观、方法论解决中国的问题，并提出解决人类问题的中国方案。高校是学习研究宣传马克思主义的重要阵地，广大在校文科研究生是我国哲学社会科学发展强大的后备力量，他们的价值观念、知识水平、能力素质直接影响到哲学社会科学的发展与繁荣。

中国特色哲学社会科学的原创性、时代性和系统性、专业性，要求构建具有自身特质的学科体系、学术体系、话语体系，并与时俱进和持续创新。

这个进程中，学科体系处于基础地位，研究生教育大有可为。20 世纪后半叶，对学科的重视直接促成研究型大学的兴起，而研究型大学的兴起则进一步带动了整个高等教育系统的繁荣[1]。学科建设是我国在发展学科过程中探索的具有中国特色、行之有效的重要途径，人才培养、师资队伍、科学研究"三位一体"的学科建设模式，既是研究生教育的重要依托，也是学科发展的重要依托。高校是哲学社会科学的学术队伍主力军、学科门类主阵地和学术成果主产区。2016 年我国高校哲学社会科学队伍达 63 万人，占我国哲学社会科学"五路大军"的 80% 以上。通常一名学者形成其身份与养成学术责任感的过程，很可能在大学本科时就开始了，但这种情感认同可能在研究生阶段更为强烈，在得到博士文凭时则达到顶点[2]。

习近平总书记指出，"要建立科学权威、公开透明的哲学社会科学成果评价体系"，"健全立德树人落实机制，扭转不科学的教育评价导向"。哲学社会科学学科评估必须贯彻落实习近平总书记重要讲话精神，突出鲜明的政治导向，落实立德树人根本任务，坚决破除"五唯"顽瘴痼疾。应加快构建科学权威的中国特色、有世界影响的哲学社会科学学科评价体系，守正创新，在评价理念、评价导向、评价指标上充分体现学科建设规律、学科发展特色和质量贡献。评价工作要坚持以"四个服务"为出发点，坚持分类评价，注重定量定性结合[3]。从实践来看，我国研究生教育领域的学科评估已经积累了宝贵的实践经验和理论成果，为中国特色哲学社会科学学科评价奠定了良好基础。

---

[1] 王建华. 学科的境况与大学的遭遇 [M]. 北京：教育科学出版社，2014.
[2] 比彻, 特罗勒尔. 学术部落与学术领地：知识探索与学科文化 [M]. 北京：北京大学出版社，2018.
[3] 黄宝印，任超，陈燕，等. 加快构建更高水平的中国特色学科评估体系 [J]. 中国高等教育，2018(17).

新中国成立 70 多年来，我国研究生教育战略地位逐渐确立并不断提升，高层次专门人才培养能力和水平日益提高，研究生教育制度不断健全并更具竞争力[①]。中国特色社会主义进入新时代，中国研究生教育也进入了新的时代。站在新的历史起点上，伴随中华民族伟大复兴的坚定步伐，我国研究生教育也必将以更加昂扬的姿态耸立在中国大地上、闪耀在世界舞台上。

第二节　树立包容性评价新理念　探索构建国际大学评价新范式

2014 年 5 月，习近平总书记在北京大学师生座谈会上发表重要讲话指出，"办好中国的世界一流大学，必须有中国特色。没有特色，跟在他人后面亦步亦趋，依样画葫芦，是不可能办成功的"，"世界上不会有第二个哈佛、牛津、斯坦福、麻省理工、剑桥，但会有第一个北大、清华、浙大、复旦、南大等中国著名学府。我们要认真吸收世界上先进的办学治学经验，更要遵循教育规律，扎根中国大地办大学"。2022 年 4 月，习近平总书记在中国人民大学师生代表座谈会上发表重要讲话进一步指出，"我国有独特的历史、独特的文化、独特的国情，建设中国特色、世界一流大学不能跟在别人后面依样画葫芦，简单以国外大学作为标准和模式，而是要扎根中国大地，走出一条建设中国特色、世界一流大学的新路"。学习贯彻落实习近平总书记关于教育的重要论述，加快构建体现中国理念、符合中国实际、适应国际需求的国际大学评价

---

① 黄宝印. 我国研究生教育恢复招生培养 40 周年 [J]. 中国研究生，2018(7).

新范式，正当其时，意义重大。

大学评价是大学治理、建设与发展中的重要一环，对大学发展具有重要导向作用。构建科学合理的大学评价模式，不仅事关大学发展方向、建设成效和评价话语权，而且事关一个国家的高等教育质量与水平乃至国家竞争力，这是一项重要的、严肃的、复杂的、专业性的社会实践活动。随着全球化进程的加快，高等教育国际化趋势日益明显，大学评价日益凸显其导向性、价值性、国际性。大学排名是大学评价的一种具体形式，它以简化的方式对复杂的大学教育教学和科研等活动的质量进行量化表征，解决了社会公众因信息不对称而无法判断大学质量的现实问题，满足了学生和家长选择大学的客观信息需求，具有简明、直观易传播等显著特点，自诞生之日起就广为流行。随着信息技术的快速发展和高等教育大众化、市场化、国际化的深入推进，以及世界一流大学建设的国际共识与行动等多重因素推动，大学排名广受关注，特别是在21世纪初从地区性排名扩展为国际性排名后，其影响力迅速提升，种类更为丰富，各类榜单多达数百种，形成了一个繁荣的大学排名国际市场，有的排名甚至具有了风向标的特点。但考察各类国际大学排行榜，都具有偏颇性、狭隘性，遮蔽了大学的教育性、文化的多样性，难以体现不同大学的区域特色、国家贡献、独特价值。大学排名甚至已经成为影响院校界定质量和确定自身发展方向的一种权力机制[1]，演化为"排名帝国主义"[2]。对此，我们应保持理性，增强洞察力，既要尽量规避其不良影响，也要有所作为，探索构建国际大学评价新理念、新范式。

---

[1] 张应强，苏永建.高等教育质量保障：反思、批判与变革[J].教育研究，2014(5).
[2] 郑俊新，陶克新，泰希勒.大学排名理论、方法及其对全球高等教育的影响[M].长沙：湖南大学出版社，2018：54.

一、当前主要国际大学排名的基本特征

在大学排名已经成为热门话题的今天，重新审视大学排名会发现，"排名运动"[①]成了全球性议题。国内外学者从不同角度对大学排名开展了大量研究，其中有些观点具有共识性和代表性。

排名倡导者并不认为大学排名是完美无缺的，也不认为大学排名仅具有积极作用，他们认为有关排名方法缺陷的主要批评源于排名中整合指标固有的不足，而且在未来发展中可对此进行改善。但排名批评者认为，大学排名的局限性源于未意识到的意识形态、不曾想到的后果以及方法差异或其他原因，而且排名的局限性会导致许多"未曾料想的结果"[②]。德国学者乌尔里希·泰希勒等将排名的不足总结为 9 个方面：不断扭曲中形成恶性循环，数据存在不足，关于什么是"质量"存在不同意见，排名帝国主义，排名的系统偏差，与汇总数据有关的因素，争夺资源、资源集中，迫使向陡峭的层级体系发展，具有反英才教育的效果[③]。我国学者周光礼等认为世界大学排行榜存在的主要问题为：重规模、轻质量，重投入、轻产出，重科研、轻教学，重共性评价、轻分类评价[④]。国际大学排名还存在效度问题，容易造成学科偏差、小机构偏差、大学核心功能偏差（教学、科研与服务之间的平衡）、地区偏差（尤其是对非英语语言国家）。

---

① 郑俊新，陶克新，泰希勒.大学排名理论、方法及其对全球高等教育的影响 [M].长沙：湖南大学出版社，2018：57.
② 同①63.
③ 同①54.
④ 周光礼，蔡三发，徐贤春，等.世界一流大学的建设与评价：国际经验与中国探索 [J].中国高教研究，2019(9).

结合已有研究，笔者认为当前主要国际大学排名呈现出几个基本特征：一是科研指标占据指标体系主要位置，并主要通过发表 SCI 论文等情况和获得国际大奖来进行大学评价[①]。国际大学排名所使用的科研数据库的主要对象为理工科，使得以人文社会科学为主的大学的真实实力得不到准确反映。科研成果主要统计源为英美体系的 WoS 和 Scopus 数据库，这两个数据库均以收录英文期刊为主。如 Scopus 数据库收录英文期刊共 19 368 种，占比 80.91%，中文期刊仅收录 359 种[②]，德文、法文、俄文、日文等其他语言期刊收录也较少，一些科研大国发表在本国语言期刊上的学术成果未被统计，成果价值没有得到充分体现。科研偏好使得一些大学弱化了对"教育本体"的追求[③]，更关注外显性的指标提升。国际大奖主要统计英语国家主导的奖项，包括诺贝尔奖和菲尔兹奖等。二是声誉调查占据指标体系重要位置（有的占比高达 40%～80%），且参与调查的对象主要来自欧美地区。以 2018 年某国际大学排名开展的国际声誉评价为例，实际评价专家中北美占 47%，亚洲只有 15%。英语偏好突出了以英语为主要语言国家的大学优势，使非英语国家的大学处于不利地位。三是评价指标主要体现共性、普遍性和可测性，均未设置体现本国特色的指标。国际大学排名以欧美领先的研究型大学为理想模型构建指标体系，强化了世界高等教育的同构性。科研表现优异的哈佛大学、牛津大学等高校成为排名靠后的大学的效仿对象，各大学的发展方向和模式逐步趋同于研究型大学，普遍追求"排名中的大学"，缺乏个性化、特色化发展，成

---

① 黄宝印，任超，陈燕，等.加快构建更高水平的中国特色学科评估体系[J].中国高等教育，2018(17).

② 刘静，刘晶晶，王希挺，等. Scopus 数据库收录我国中文科技期刊影响力分析[J].中国科技期刊研究，2020(4).

③ 石中英.回归教育本体：当前我国教育评价体系改革刍议[J].教育研究，2020(9).

为"追赶型大学"。这正在渐渐阻碍以本土理念构建大学的努力与尝试[1]。哈佛大学哈佛学院前院长刘易斯反思和批判道,"美国的研究型大学正在追求的是'失去灵魂的卓越',却忘记了更重要的任务——教育学生"[2]。全球各大学对国家和地区的贡献在现有国际大学评价中得不到体现,社会对一流大学的多样性需求、高等教育多元发展的价值需要、不同类型大学的独特性作用都被忽视。此外,评价体系均未设置体现"育人成效"的相关指标,评价组织机构的性质基本是新闻媒体或商业公司。

二、包容性评价理念的理论基础与内涵

党的十八大以来,我国已建成世界上规模最大的高等教育体系,接受高等教育的人口达到2.4亿,2021年高等教育毛入学率为57.8%,高等教育事业取得历史性成就,发生全局性变化,我们在世界高等教育范围内发出了中国声音,提供了中国经验,贡献了中国智慧。针对国际大学评价的重要导向作用,我国在国际大学评价领域也应有所作为。

2021年5月,习近平总书记在主持中央政治局第三十次集体学习时指出,"要加快构建中国话语和中国叙事体系,用中国理论阐释中国实践,用中国实践升华中国理论,打造融通中外的新概念、新范畴、新表述,更加充分、更加鲜明地展现中国故事及其背后的思想力量和精神力量","要广泛宣介中国主张、中国智慧、中国方案,我国日益走近世界舞台中央,有能力也有责任在全球事务中发挥更大作用,同各国一道为解决全人类问题作出更大贡献"。

---

[1] 李鹏虎.世界一流大学建设:排名、学科及挑战[J].现代教育管理,2017(3).
[2] 刘易斯.失去灵魂的卓越:哈佛是如何忘记教育宗旨的[M].上海:华东师范大学出版社,2007:英文版序言5.

要学习贯彻落实习近平总书记关于教育的重要论述和改进国际传播工作的重要讲话精神，坚定教育自信，扭转不科学的评价导向，把握和引导教育评价国际话语权，重塑世界大学发展新格局。为此，我们提出包容性评价理念，探索构建包容性国际大学评价新范式。

（一）包容性评价理念的理论基础

1. 包容性评价理念是包容性发展理念在评价领域的延伸

中华优秀传统文化中蕴含着"包容"的思想，如"海纳百川、有容乃大"的观念。包容思想的实质是"和"，强调和为贵、和而不同、天人合一、尚和合、求大同等思想观念。进入 21 世纪，为了克服现代文明的困境，一些国际组织提出了包容性发展理念。包容性是指人与人、人与社会、人与自然的和谐；包容性发展是指以人为中心的，人与人、人与社会、人与自然的和谐发展[1]。马克思主义认为，人类社会进入现代之后，在资本逻辑的作用下，科学技术得到快速发展，社会结构发生巨大变化，由此带来生产力空前提高。但随着现代文明的进一步发展，如果不能有效解决这种基于资本逻辑所带来的问题，人类社会的可持续发展就会受到严重影响。包容性发展理念的提出，实际上是对现代性发展不足和困境的一次反思与纠正，标志着以人为中心的理念受到重视，开始推动以资本为中心的发展向以人为中心的发展的转变[2]。

包容性发展理念被联合国等国际组织写进相关文件，得到国际社会的普遍认同，受到越来越多的国家的重视。在国际大学评价领域，由于各国大学在发展中历史不同、国情不同、传统不同、发挥的作用不同，包容性发展理

---

[1] 陈世清. 什么是包容性发展 [DB/OL].(2016-09-01). http://finance.takungpao.com/mjzl/mjhz/2016-09/3369769.html.

[2] 郑长忠. 人类命运共同体理念赋予包容性发展新内涵 [J]. 当代世界，2018(7).

念更有利于大学理性发展。万所大学，多种模式，各具特色，世界大学的生态园百花齐放，各具风采。中国是全球治理的重要参与者、建设者，也是包容性发展理念的重要倡导者、推动者。2014年3月，习近平在联合国教科文组织总部发表演讲时指出，"文明因交流而多彩，文明因互鉴而丰富"[1]。文明是包容的，人类文明因包容才有交流互鉴的动力。2017年1月，习近平在联合国日内瓦总部发表题为"共同构建人类命运共同体"的演讲时指出，要坚持交流互鉴，建设一个开放包容的世界。2021年12月，习近平向"2021从都国际论坛"开幕式发表视频致辞指出，推动全球发展迈向平衡协调包容新阶段。包容是全球发展新阶段的文化维度，一个和平发展的世界应该承载不同形态的文明，必须兼容走向现代化的多样道路。

发展和评价是一对密切相关的概念，评价理念须与发展理念相匹配，并尽可能实现正面引导和激励，即树立什么样的发展理念，就应有相应的评价理念。因而，包容性发展理念为包容性评价理念的产生提供了思想理论基础。包容性评价要坚持以人为中心的评价理念，关注人的进步与发展，在评价活动中以评价对象的"主体"发展为中心构建分析框架，以更多的形成性评价与增值评价来体现教育活动的特性[2]。

2. 包容性评价理念是对评价现代性的超越

马克思认为，随着经济的全球化，文化这类"精神产品"也必然实现全球化，一种"世界的文学"或文化随后将会形成[3]。文化与经济的合流，加速推动着全球化成为一个从经济到文化的一体化、普遍化的进程。全球化展现

---

[1] 习近平. 习近平谈治国理政[M]. 北京：外文出版社，2014：258.
[2] 荀振芳. 大学评价活动的基本逻辑与价值选择[J]. 清华大学教育研究，2021(3).
[3] 陈嘉明. 现代性与后现代性十五讲[M]. 北京：北京大学出版社，2006.

为一种"单边化",以发达国家为主导的新的世界经济秩序及政治秩序格局,对欠发达国家造成巨大冲击,使之成为被同化的对象。发达国家与欠发达国家彼此之间的关系并非对等基础上的相互同化、互相融合[①]。全球化的趋同是对现代化目标的趋同,是形成现代性的趋同,但在实现这一目标的途径上,各个国家又表现为不同的"本土化"的过程与形式[②]。

吉登斯提出,"后现代性"乃是一种超越了现代性的"运动",是"脱离或'超越'现代性的各种制度的一系列内在转变"[③],是一种更高的社会秩序。现代理性是以"普遍主义"为前提的,它假定了一种统一的整体,断言同样的规则是到处适用的。在不同的国家、文化、历史阶段之间,合乎理性的主张被看作是普遍适用的。与此相反,后现代主义认为事物各有其特殊性,应当对具体的情况作出特定的分析。由于不同的认识有其不同的基础,因此后现代主义假定,所有的认识范式都是平等的,它们有着各自的逻辑,普遍理性因此是不存在的[④]。追求多样性而不是统一性,倡导多元论而不是一元论,构成后现代思想的一个基本特征[⑤]。"差异"构成事物的本性;一旦以普遍主义为圭臬,就必然会以总体性来压制差异与个性,排斥异端与宽容,而这是不能容许的。利奥塔强调,拯救差异,向总体性开战[⑥]。

评估要超越现代性。《第四代评估》的作者古贝和林肯倡议,应将利益相关者的主张、焦虑和争议作为组织评估焦点决定所需信息的基础[⑦]。要提倡利益相关者在大学评价中的平等性,全面考虑不同的价值观,给予利益相关者

---

① ② 陈嘉明. 现代性与后现代性十五讲 [M]. 北京:北京大学出版社,2006.
③ 吉登斯. 现代性的后果 [M]. 南京:译林出版社,2000:144.
④ ⑤ ⑥ 同①.
⑦ 古贝,林肯. 第四代评估 [M]. 北京:中国人民大学出版社,2008.

权力和能力[①]。好的高等教育评价不是给高等教育机构鉴定身份，而是鼓舞其理想，激励其向往，帮助其发展[②]。目前一元的排名系统应向多元排名系统转变，以体现机构的不同使命、规模、所属位置等[③]。树立包容性评价理念，就是要避免现代性的趋同，超越评价现代性。

（二）包容性评价理念的内涵

包容性评价理念是基于包容性发展理念和大学评价实践的理论创新，是原生概念、全新理念。其核心思想是超越总体性、尊重差异，超越西方中心论、尊重文化多样性，超越科学主义、尊重人文主义，超越零和博弈、尊重和谐共生。其主要内涵有：一是坚持教育性。教育是培养人的活动。人是教育的主体和中心，坚持教育性，就是要坚持以人为中心，以人才培养为中心，以学生成长成才为中心，摒弃大学排名中见物不见人、重科研轻教学、重才能轻德行等弊端。二是尊重多元性、差异性、平等性，这体现在多个方面，包括尊重和反映不同国家、民族和文化的特性，主张国家、民族和文化无高低优劣之分；尊重和反映学生、教师、管理人员、雇主、家长等不同利益相关者的利益与需求；尊重和反映不同类型大学的特点，注意研究型大学、教学型大学与应用型大学的差别，综合性大学、多科性大学与单科性大学的区分，以及大型机构与小型机构的不同等。三是突出情境性。大学与其所在地区的经济社会文化紧密相连，具有很强的文化属性。大学评价不能去情境化，不能脱离大学成长和发展的社会文化环境，应重视大学对国家和地区的贡献，

---

① 王小梅，范笑仙，李璐.以学科评估为契机 提升学科建设水平（观点摘编）[J].中国高教研究，2016(12).
② 周作宇.元评价问题：评价的循环与价值原点[J].大学与学科，2020(1).
③ 郑俊新，陶克新，泰希勒.大学排名理论、方法及其对全球高等教育的影响[M].长沙：湖南大学出版社，2018.

对世界的贡献，辩证地处理和把握"本土性与国际性""国家或本土特色与世界一流"的关系。四是倡导共生性。国际交流与合作是大学的一项重要职能，大学在促进国际交流合作中发挥了重要作用，扮演着合作使者的角色。国际大学排名如果用一元化的标准简单地对大学进行评价，以单一的分数进行简单排名，严格区分出大学名次，是不科学的。包容性评价理念提倡各美其美、美美与共，从而营造良好的大学生态，引导大学良性竞争与合作，实现和谐共生。五是注重发展性。大学是古老的，也是常新的。悠久的办学历史、厚重的文化底蕴，是大学的宝贵财富，有助于塑造大学的声誉与实力，但大学不能因循守旧，否则有可能被时代抛弃。在历史与现实、声誉与实力、水平与潜能、存量与增量的多对关系中，国际大学排名既要注重历史性的成就，更要看重阶段性的成长。包容性评价理念不仅关注历史、关注现实，也面向未来，强调发展性，强调增量比存量更重要，重点考察大学在一个时期内的发展速度与水平，以及未来的发展潜力。

三、包容性国际大学评价体系探索

开展国际大学评价，需要明确可遵循的基本原则、采用合理的衡量标准、把握合适的竞争尺度，选择可比的评价指标，从而真实客观地反映世界高校的教育、科研、社会服务、技术创新、文化传播等方面的水平和现状。基于前文分析，我们提出了包容性国际大学评价体系构建的主要原则及评价体系框架。

（一）包容性国际大学评价体系构建的主要原则

第一，采用新评价理念。构建包容性国际大学评价新范式，首先需要从导向上树立如下理念：一是树立"人才培养中心地位"的理念，坚持育人为本，强调培养成效和质量评价；二是树立"对本国贡献也是对世界贡献"的理念，站在人类命运共同体的角度考虑大学对本国的实际贡献；三是树立"英文成果与非英文成果同等对待"的理念，考虑非英语论文、著作、专利等成果的学术话语权；四是树立"国际奖项与各国重要奖项同等对待"的理念，把非英语国家设置的重要奖项纳入评价范围；五是树立"声誉调查由英语国家和非英语国家专家学者共同参与"的理念，考虑调查对象和调查语言的多样化；六是树立"增量比存量更重要"的理念，考虑高校发展的"加速度"、时代性以及未来潜力，构筑平等、客观、真实的国际大学评价新标准。

第二，实行多维视角评价。学生是接受教育的第一主体，在很大程度上是教育发展的直接推动者，聆听学生声音，对高校人才培养成效进行深入检验。用人单位是高等教育的需求方，发挥用人单位的评价主体作用，有助于实现高校人才培养与社会需求的充分衔接。同行评价作为专业领域学术评价的国际惯例，一直以来在高校和学科评价中发挥着明显优势[①]。要建立社会有序参与、各方共同推进、多维视角评价的教育新格局，充分发挥多元主体作用，从在校生看成长度、从毕业生看满意度、从用人单位看适应度、从本国同行专家看声誉度、从全球专家看国际认同度，引导从不同角度精准、立体和全面评价高校建设成效。

第三，尊重特色差异。包容性国际大学评价体系要保证指标设置科学合理和评价结果可靠可信。应分类设置差异化的指标体系，尊重特色和差异，尊重不同类型高校、不同教育体制、不同国家历史文化，尊重高校地缘差异，

---

① 肖妍. 国际上同行评议典型做法及对我国的启示 [J]. 数字图书馆论坛, 2022(1).

鼓励引导不同高校特色发展、争创一流，避免评价趋同化①。对于理工科高校，突出原始创新能力、国际科学前沿竞争能力和满足国家重大需求能力的评价；而对于人文社科高校，则应该突出评价高校的继承性、民族性、原创性、时代性、系统性和专业性②。

第四，淡化分数排名。为保证评价结果有一定区分度，满足社会对教育质量的知情需求，规避过度无序竞争，避免夸大评价本身的作用，要摒弃大学分数排名做法，不能按锦标赛方式把大学分出一二三四五等名次，应引导高校将对排名的注意力转移到高校内涵建设中去，同时也要引导社会各界对国际大学评价保持理性、清醒、独立的认识。因此包容性国际大学评价应该淡化分数和名次，不强调高校间精细分数差异和名次前后，防止大学评价"排名化"。一方面探索采用"分档""分梯队""分方阵""分项"的方式展示评价结果，另一方面尊重特色，分高校性质、分地域、分维度、分角度展示评价结果，从而构筑世界高等教育良好生态圈。

第五，坚持公益性。在世界范围内开展大学评价，是高度科学性、严谨性、专业性、社会性的事业，事关大学发展走向，事关大学发展前景。包容性国际大学评价应该有权威专业机构或学术组织等专业化团队承担，切实担负起社会和国际责任，独立开展，摒弃商业性、营利性的操作，从建立规则、制定标准、确定数据来源、数据核查、数据分析、算法研究、结果呈现等全流程、各环节上保证评价的科学、客观、公正、透明、准确、可信，从而维护评价公信力，培育国际大学评价自信健康的文化与环境。

---

① 袁振国, 等. 大学排名的风险 [M]. 太原：山西教育出版社, 2019.
② 黄宝印, 任超, 陈燕, 等. 加快构建更高水平的中国特色学科评估体系 [J]. 中国高等教育, 2018(17).

第六，使用多种语言。探索使用"1+N"种语言评价方式。目前主要的国际大学评价基本采用英语单一语种，汉语、法语、德语、俄语、日语等世界主要国家语言没有被采纳，严重削弱了相关国家大学的应有价值。应考虑将世界主要国家语言与英语一同使用，更全面、更准确考察大学的实际表现和贡献。根据世界大学情况和数据的可获得性，采取"1+N"种语言评价方式，既可客观反映一所大学在英语世界的国际比较地位，也可客观反映其在本国经济社会发展中的实际贡献、价值与地位。

（二）包容性国际大学评价体系框架

高等教育评价常见的分析框架主要有"规模、结构、质量、效益"的宏观分析框架、"投入、过程、产出"的流程分析框架、"人才培养、科学研究、社会服务、文化传承"的功能分析框架、"本体－功能－保障"的系统分析框架。有学者认为，大学评价至少应包括人才培养、科学研究、社会服务和大学声誉四个方面[1]。结合已有研究，本研究提出"人才培养力、学术创新力、社会贡献力、声誉影响力"四维度体系框架。

第一，人才培养力。人才培养是大学最重要的使命和功能。要将培养人才放在评价学校质量的首要位置，从"人才成长度"和"人才贡献度"两个维度进行评价。"人才成长度"可以通过"学生学习质量"、"学校教学质量"和"毕业生职业发展质量"来衡量，充分体现以人为本的理念和科教结合提升人才培养质量的导向。其中"学生学习质量"强调学生在实践能力、创新能力、综合素质提升和知识体系构建等方面的获得感和成长情况；"学校教学

---

[1] 周光礼，蔡三发，徐贤春，等.世界一流大学的建设与评价：国际经验与中国探索[J].中国高教研究，2019(9).

质量"强调学生对课程与实践教学、导师指导的整体满意度评价;"毕业生职业发展质量"包括毕业生质量和用人单位评价两个维度,其中毕业生质量强调毕业生就业创业、就业结构、职业能力发展和岗位提升等情况,用人单位评价强调人才培养与社会需求的衔接度和适应度。人才贡献评价不能仅以少量有限的国际获奖情况为观测指标,因为这些奖项不能准确反映各国高校培养的人才对科技创新、文明进步和思想繁荣的贡献,如我国高校在国家治理、"两弹一星"、水稻栽培等方面的人才培养贡献在国际奖项上无法体现。因此从包容性评价理念出发,在对高校"人才贡献度"的评价中,除通过世界公认最高奖项来评价以外,还应该将区域公认最高奖项、本国最高奖项纳入评价标准中。

第二,学术创新力。高校在世界重大变革和科技创新中无疑发挥着至关重要的作用,对科研及学术创新力的评价是开展高校评价的重要因素。在学术创新力维度,应准确把握"唯"与"不唯"的辩证关系,破"唯定量",坚持主观客观相结合的融合评价和多元评价;破"唯论文",坚决扭转SCI、ESI至上;破"唯英文",坚持英文与非英文同等对待。值得强调的是,破"唯论文",不是"不要"论文,论文本身是科学发现和科学研究很重要的成果和载体,但不能把论文本身作为衡量指标,而应关注其创新水平和科学价值。高校在科学研究及学术方面的成就,不应以论文作为单一评价依据,学术研究对解决生产实践中关键技术问题的实际贡献,带来的新技术、新产品、新工艺实现产业化应用的实际效果都应该被关注[1]。

---

[1] 教育部 科技部印发《关于规范高等学校 SCI 论文相关指标使用 树立正确评价导向的若干意见》的通知 [EB/OL].(2020-02-23). http://www.moe.gov.cn/srcsite/A16/moe_784/202002/t20200223_423334.html.

第三，社会贡献力。教育评价应该将学术贡献、对国家和社会的贡献作为评价价值取向的尺度[1]。贡献成效应贯穿高校整个评价过程，其中人才培养力维度中有高校对社会人力资源贡献的评价，学术创新力维度中有高校对社会科技资源贡献的评价，评价更倾向于采用客观指标。社会贡献力维度，将"数量式"评价转变为具有发展性的"可持续化"评价，坚持立足教育服务社会，突出高校创新的社会服务价值。可考虑通过"代表性典型案例"对高校的"科技贡献"和"社会贡献"进行主观评价，体现高校对国家富强、民族复兴、社会进步、科技创新、人民幸福作出的突出贡献。

第四，声誉影响力。声誉影响力是高校办学硬条件和软实力的综合体现，是高校社会知名度、公众美誉度和竞争力的重要体现。"声誉影响力"有赖于世界各地有经验学者的专业意见，参考各高校办学条件、师资力量、学生质量和科研能力进行评价，应包括国际范围内不同类型调查对象的全球声誉和区域声誉调查，也应包括一国范围内不同类型调查对象的声誉。要重点考虑调查对象和调查语言的多样化，尽力克服调查对象地理分布问题和语言偏差，确保调查结果的广泛性、代表性和可信度。一所高校在本国的影响力，可通过其在本国学术会议、重大改革、科研成果等方面的影响力来反映。

对于包容性国际大学评价的理念和范式，目前笔者只进行了初步的思考，提出了初步的框架，具体实施和操作还需要进行深入、广泛的研究、推敲、论证。树立包容性评价新理念，探索构建包容性国际大学评价新范式，是国际大学评价改革的方向和趋势，有助于引导和重构教育评价国际话语权，重

---

[1] 叶赋桂，段世飞. 深化教育评价体系改革学术研讨会综述[J]. 清华大学教育研究，2018(6).

塑世界大学发展新格局；有助于充分展示我国大学的真实形象特别是近年来的实际贡献、巨大成就和发展"加速度"，提升我国大学的国际声誉和话语权；有助于坚定教育自信，走出一条建设中国特色、世界一流大学的新路，为世界高等教育贡献中国道路、中国样板，加快建设高等教育强国。

参考文献

1. 博克. 大学的未来 [M]. 北京：中国人民大学出版社，2017.
2. 比彻，特罗勒尔. 学术部落与学术领地：知识探索与学科文化 [M]. 北京：北京大学出版社，2018.
3. 克拉克. 研究生教育的科学研究基础 [M]. 杭州：浙江教育出版社，2001.
4. 古莱. 发展伦理学 [M]. 北京：社会科学文献出版社，2003.
5. 森. 以自由看待发展 [M]. 北京：中国人民大学出版社，2013.
6. 普雷斯顿. 发展理论导论 [M]. 北京：社会科学文献出版社，2011.
7. 《中国学位与研究生教育发展战略报告》编写组. 中国学位与研究生教育发展战略报告 [J]. 学位与研究生教育，2002(6).
8. 郑俊新，陶克新，泰希勒. 大学排名理论、方法及其对全球高等教育的影响 [M]. 长沙：湖南大学出版社，2018.
9. 古贝，林肯. 第四代评估 [M]. 北京：中国人民大学出版社，2008.
10. 刘易斯. 失去灵魂的卓越：哈佛是如何忘记教育宗旨的 [M]. 上海：华东师

范大学出版社，2007.

11. FRANK A, KURTH D, MIRONOWICZ I. Accreditation and quality assurance for professional degree programmes:comparing approaches in three European countries [J]. Quality in higher education, 2012(1).

12. CGS & ETS. The path forward: the future of graduate education in the United States[EB/OL]. (2018-11-20). www.cgsnet.org.

13. CGS & ETS. 前进之路：美国研究生教育的未来 [EB/OL].(2019-11-25). http://www.fgereport.org/rsc/pdf/cfge_report_ch.pdf.

14. FORNELL C, 刘金兰. 顾客满意度与 ACSI [M]. 天津：天津大学出版社，2006.

15. GREEN D. What is quality in higher education?[M]. Bristol:SRHE and Open University Press, 1994.

16. WALTERS E. Graduate education today[M]. American Council on Education, 1965.

17. HARDI P, BARG S, HODEG T, et al. Measuring sustainable development: review of current practice [M]. Ottawa: Industry Canada, 1997.

18. HRK.Studienreform in Zahlen[EB/OL]. (2012-04-20). https://www.hrk.de/themen/studium/studienreform.

19. Ministry of Human Resource Development, Government of India. All India survey on higher education 2018-19 [EB/OL]. (2023-05-11). https://mhrd.gov.in/.

20. SALMINEN K M, WALLGREN L.The interaction of academic and indusrial supervisiors in graduate education[J]. Higher education, 2008(1).

21. STIMPSON C R. Graduate education: the nerve center of higher education[G]// LAGEMANN E C, LEWIS H. What is college for? the purpose of higher education. New York: Teachers College, 2012.

22. 刘易斯. 经济增长理论 [M]. 北京：商务印书馆，1996.

23. 吉登斯. 现代性的后果 [M]. 南京：译林出版社，2000.

24. 白强. 一流大学视角下一流研究生教育的思考 [J]. 研究生教育研究，2017(2).

25. 博格. 高等教育中的质量与问责 [M]. 北京：北京师范大学出版社，2008.

26. 曾琳. OECD 国家教育评价发展的关键主题检视 [J]. 比较教育研究，2017，39(4).

27. 陈谷纲，陈秀美. 专业学位研究生教育的质量观 [J]. 学位与研究生教育，2006(7).

28. 陈洪捷."双一流"建设，学科真的那么重要吗 [N]. 中国科学报，2019-11-27.

29. 陈嘉明. 现代性与后现代性十五讲 [M]. 北京：北京大学出版社，2006.

30. 陈友华，苗国. 人类发展指数：评述与重构 [J]. 江海学刊，2015.

31. 丁磊. 英国高等教育质量评估新进展 [D]. 石家庄：河北师范大学，2021.

32. 丁雅诵. 让更多优秀的人才进入中小学教师队伍（行与思）[N]. 人民日报，2019-12-22.

33. 方晓东，董瑜，金瑛，等. 法国科技评价发展及其对中国的启示：基于 CoNRS 和 HCéRES 评价指标的案例研究 [J]. 世界科技研究与发展，2019，41(3).

34. 佩鲁. 新发展观 [M]. 北京：华夏出版社，1987.

35. 高清海. 文史哲百科辞典 [Z]. 长春：吉林大学出版社，1988.

36. 高书国. 教育指标体系：大数据时代的战略工具 [M]. 北京：北京师范大学出版社，2009.

37. 高书国. 教育指标体系的特点和功能 [J]. 教育与教学研究，2014(12).

38. 耿有权."双一流"建设视域中的研究生教育 [J]. 学位与研究生教育，2016(8).

39. 顾明远. 教育大辞典 [M]. 上海：上海教育出版社，1998.

40. 洪大用. 为新时代研究生教育发展提供更好的智力支撑 [J]. 学位与研究生教育，2020(1).

41. 洪大用. 扎根中国大地加快建设研究生教育强国 [J]. 学位与研究生教育，2019(3).

42. 胡德鑫. 发达国家高等教育评估的发展趋势 [J]. 教育学术月刊，2017(4).

43. 黄宝印，黄海军，乔文君，等. 世界主要国家研究生教育发展指数：内涵、框架与测度 [J]. 中国高教研究，2021(11).

44. 黄宝印，黄海军. 加快发展高质量研究生教育战略意义的认识与思考［J］. 中国高教研究，2020(4).

45. 黄宝印，任超，陈燕，等. 加快构建更高水平的中国特色学科评估体系 [J]. 中国高等教育，2018(17).

46. 黄宝印，唐继卫，郝彤亮. 我国专业学位研究生教育的发展历程 [J]. 中国高等教育，2017(2).

47. 黄宝印，王顶明. 继往开来，坚定自信，促进研究生教育高质量发展：纪念研究生教育恢复招生 40 周年 [J]. 研究生教育研究，2019(1).

48. 黄宝印. 我国研究生教育恢复招生培养 40 周年 [J]. 中国研究生，2018(7).

49. 黄福涛. 什么是世界一流大学的本科教育 [J]. 高等教育研究，2017(8).

50. 黄海军，邓友超. 教育强国 强在内涵 [N]. 光明日报，2018-06-12.

51. 黄海军. 芬兰的高质量教师从何而来 [N]. 中国教育报，2017-12-01.

52. 康建朝，李栋. 芬兰基础教育 [M]. 上海：同济大学出版社，2015.

53. 黄海军. 全国本科教育满意度调查报告 [J]. 大学（研究版），2017(10).

54. 黄好. 中美高等教育评价范式演进及比较研究 [D]. 长沙：湖南大学，2021.

55. 霍丹. 国际比较视角下我国研究生教育质量保障体系研究 [D]. 南京：南京航空航天大学，2013.

56. 蒋家琼，姚利民，游柱然. 法国高等教育外部质量评估体系的基本框架、特征及其启示 [J]. 教育与现代化，2010(1).

57. 蒋家琼，张亮亮. 英国高等教育多元主体评价制度的缘起、架构与特征：兼论对新时代我国高等教育评价制度改革的启示 [J]. 陕西师范大学学报(哲学社会科学版)，2022(1).

58. 蒋林浩，黄俊平，陈洪捷，等. 学科评估体系实践与影响的国际比较研究 [J]. 学位与研究生教育，2020(4).

59. 蒋林浩，沈文钦. 美国高校博士点项目内部评估研究：以俄亥俄州立大学为例 [J]. 清华大学教育研究，2016(3).

60. 焦磊，郭瑞迎. 全日制专业硕士教育专业实践绩效管理机制研究 [J]. 研究生教育研究，2018(5).

61. 柯江林，姚兰芳，王建民. 国内一流大学战略人才发展指数构建与检验 [J]. 中国高教研究，2016(6).

62. 李鹏虎. 世界一流大学建设：排名、学科及挑战 [J]. 现代教育管理，2017(3).

63. 李睿婕，赵延东. 建议开展全国博士毕业生就业状况普查及追踪调查 [J].

科技中国，2018（10）.

64. 李武军. 美国高等教育专业认证研究 [D]. 武汉：华中师范大学，2009.

65. 李政云. 欧洲研究型大学：挑战、责任与出路 [J]. 高等工程教育研究，2006(1).

66. 梁桂芝. 学位与研究生教育评估的探索与实践 [J]. 学位与研究生教育，1991(4).

67. 廖晓玲，陈十一.《研究生教育：美国竞争力与创新力的支柱》解读 [J]. 学位与研究生教育，2013（4）.

68. 刘静，刘晶晶，王希挺，等. Scopus 数据库收录我国中文科技期刊影响力分析 [J]. 中国科技期刊研究，2020(4).

69. 刘平，顾丽琴，吴旭舟. 研究生培养质量评价指标体系的构建研究 [J]. 研究生教育研究，2011(5).

70. 刘森林. 发展哲学引论 [M]. 广州：广东人民出版社，2000.

71. 刘娅. 英国高等教育机构科研评估机制的启示 [J]. 中国科技人才，2022(5).

72. 刘延东. 在全国研究生教育质量工作会议暨国务院学位委员会第三十一次会议上的讲话 [N]. 中国教育报，2015-01-05.

73. 刘延东副总理在国务院学位委员会第三十二次会议上的讲话 [J]. 学位与研究生教育，2016(3).

74. 刘延东副总理在国务院学位委员会第三十三次会议上的讲话 [J]. 学位与研究生教育，2017(4).

75. 米都斯，等. 增长的极限 [M]. 长春：吉林人民出版社，1997.

76. 亨廷顿，等. 现代化：理论与历史经验的再探讨 [M]. 上海：上海人民出版社，1993.

77. 马妮. 从指数研究到社会指数运动：20世纪社会指数运动之社会学审视（1）[J]. 学术界，2017(1).

78. 马永红，于苗苗，袁文婧，等. 基于多塔结构的专业硕士高质量就业研究[J]. 国家教育行政学院学报，2018(8).

79. 米子川，姜天英. 大数据指数是否可以替代统计调查指数[J]. 统计研究，2016.

80. 宁业勤. 欧美高等教育元评价及其启示[J]. 黑龙江教育（高教研究与评估），2016(2).

81. 科夫斯. 指数理论与经济现实[M]. 北京：中国统计出版社，1990.

82. 庞春敏. 英国教育评价的特点与启示[J]. 上海教育评估研究，2021，10(5).

83. 秦琳. 博士生教育改革的逻辑、目标与路向：知识生产转型的视角[J]. 教育研究，2019(10).

84. 秦琳. 德国基础教育[M]. 上海：同济大学出版社，2015.

85. 邱耕田，王丹. 中国四十年发展之发展哲学沉思[J]. 哲学研究，2018(11).

86. 邱勇. 一流博士生教育 体现一流大学人才培养的高度[N]. 光明日报，2017-12-05.

87. 任超，黄海军，王宇，等. 研究生教育质量指数构建模式与方法研究[J]. 高等教育研究，2019(10).

88. 任平，吴建厂. 中国发展哲学40年：问题、理论与前景[J]. 江苏行政学院学报，2019(1).

89. 任平. 走向中国本土的发展哲学建构[J]. 江海学刊，2009(1).

90. 石磊. 研究生教育质量评价与质量保障体系研究[D]. 合肥：中国科学技术大学，2010.

91. 石中英. 回归教育本体：当前我国教育评价体系改革刍议 [J]. 教育研究，2020(9).

92. 檀传宝. 什么是"发展教育学"？：关于发展教育学及其研究的若干设想 [J]. 教育学报，2005(3).

93. 唐广军，王战军. 专业学位研究生教育质量保障体系优化研究 [J]. 高等工程教育研究，2017(5).

94. 唐磊，刘霓，高媛，等. 跨学科研究的理论与实践：基于研究文献的考察 [M]. 北京：中国社会科学出版社，2016.

95. 田启波. 马克思主义发展哲学与可持续发展思想 [J]. 江西社会科学，2000(8).

96. 托达罗. 经济发展与第三世界 [M]. 北京：中国经济出版社，1992.

97. 王碧云，邱均平，张维佳，等. 硕士研究生教育质量调查分析：对全国 69 所高校硕士生导师调查 [J]. 大学教育科学，2009(5).

98. 王传毅，徐冶琼，程哲. 研究生教育质量指数：构建与应用 [J]. 学位与研究生教育，2018(12).

99. 王传毅，杨佳乐. 中国博士教育规模扩张：必要性、可行性及其路径选择 [J]. 中国高教研究，2019(1).

100. 王传毅，赵世奎. 21 世纪全球博士教育改革的八大趋势 [J]. 教育研究，2017(2).

101. 王建华. 学科的境况与大学的遭遇 [M]. 北京：教育科学出版社，2014.

102. 王小梅，范笑仙，李璐. 以学科评估为契机 提升学科建设水平（观点摘编）[J]. 中国高教研究，2016(12).

103. 王战军，唐广军. 研究生教育质量指数构建研究 [J]. 学位与研究生教育，

2017(12).

104. 王战军. 构建质量保障体系 提高研究生教育质量 [J]. 研究生教育研究，2011(1).

105. 吴本文. 法国高等教育评估制度评析 [J]. 长春工业大学学报（高教研究版），2006(3).

106. 吴镇柔，陆叔云，汪太辅. 中华人民共和国研究生教育和学位制度史 [M]. 北京：北京理工大学出版社，2001.

107. 武建鑫. 高等教育研究指数的构建与运用：基于文献计量学的实证分析 [J]. 中国高教研究，2016(7).

108. 习近平. 习近平谈治国理政 [M]. 北京：外文出版社，2014.

109. 肖妍. 国际上同行评议典型做法及对我国的启示 [J]. 数字图书馆论坛，2022(1).

110. 邢永富，宁虹，蔡春，等. 关于发展教育学的理论思考 [J]. 教育研究，2005(4).

111. 徐国祥. 统计指数理论及应用 [M]. 2版. 北京：中国统计出版社，2009.

112. 许宪春，郑正喜，张钟文. 中国平衡发展状况及对策研究：基于"清华大学中国平衡发展指数"的综合分析 [J]. 管理世界，2019(5).

113. 荀振芳. 大学评价活动的基本逻辑与价值选择 [J]. 清华大学教育研究，2021(3).

114. 研究生教育质量报告编研组. 中国研究生教育质量年度报告：2016[M]. 北京：中国科学技术出版社，2016.

115. 研究生教育质量报告编研组. 中国研究生教育质量年度报告：2017[M]. 北京：中国科学技术出版社，2017.

116. 杨启亮. 教育硕士专业学位教育实践中的问题与解释 [J]. 教育发展研究，2005(11).

117. 姚成林. 国外高等教育评估机构带给我们的启示与借鉴 [J]. 劳动保障世界，2018(26).

118. 叶赋桂，段世飞. 深化教育评价体系改革学术研讨会综述 [J]. 清华大学教育研究，2018(6).

119. 叶赋桂. 学术独立、一流大学与研究生教育 [J]. 学位与研究生教育，2009(4).

120. 于苗苗，马永红，包艳华. 多重视角下的专业硕士就业质量状况：基于"2015年全国专业硕士调研"数据 [J]. 中国高教研究，2017(2).

121. 袁振国，等. 大学排名的风险 [M]. 太原：山西教育出版社，2019.

122. 布伦南. 高等教育质量管理：一个关于高等院校评估和改革的国际性观点 [M]. 上海：华东师范大学出版社，2005.

123. 翟博. 教育均衡发展指数构建及其运用：中国基础教育均衡发展实证分析［J］. 国家教育行政学院学报，2007(11).

124. 翟亚军，王战军，彭方雁. 研究生教育质量的指数测度方法：对"985工程"一期教育部直属高校的实证分析 [J]. 教育研究，2012(2).

125. 詹正茂. 我国高等教育发展水平的综合评价指数研究 [J]. 科学学与科学技术管理，2004(9).

126. 张东海，陈曦. 研究型大学全日制专业学位研究生培养状况调查研究 [J]. 高等教育研究，2011(2).

127. 张东海. 专业学位研究生学习需求的调查研究 [J]. 研究生教育研究，2019(1).

128. 张力.如何理解 2035 年教育现代化目标[N].光明日报,2019-03-19.

129. 张炜,陈光春.新智库指数:中国教育发展指数、创新指数与绿色指数[M].武汉:湖北教育出版社,2016.

130. 张炜,周洪宇.中国教育指数(2019 年版)[J].宁波大学学报(教育科学版),2019(3).

131. 张小波.基于综合评价的研究生教育质量效率指数研究:对"985 工程"一期 34 所高校的实证分析[J].中国高教研究,2013(9).

132. 张应强,苏永建.高等教育质量保障:反思、批判与变革[J].教育研究,2014(5).

133. 赵兵.博士后创新人才支持计划实施 3 年多:培养国家未来科技创新主力军[N].人民日报,2019-12-20.

134. 赵立莹,司晓宏.国际化背景下高等教育质量保障发展趋势及中国选择[J].高等教育研究,2015(6).

135. 赵文辉.高校教学质量保障问题研究[M].北京:中国人民公安大学出版社,2009.

136. 赵永新.2019 年国家自然科学奖一等奖获得者周其林:把解决科学问题作为第一目标[N].人民日报,2020-01-13.

137. 赵章靖.美国基础教育[M].上海:同济大学出版社,2015.

138. 郑长忠.人类命运共同体理念赋予包容性发展新内涵[J].当代世界,2018(7).

139. 中国博士质量分析课题组.中国博士质量报告[M].北京:北京大学出版社,2010.

140. 钟振国.全日制专业学位研究生教育质量保障机制构建的路径[J].教育理

论与实践，2015(24).

141. 周光礼，蔡三发，徐贤春，等. 世界一流大学的建设与评价：国际经验与中国探索 [J]. 中国高教研究，2019(9).

142. 周正嵩，孙月娟. 基于 SERVQUAL 模型的研究生教育服务质量评价研究 [J]. 学位与研究生教育，2010(12).

143. 周作宇. 元评价问题：评价的循环与价值原点 [J]. 大学与学科，2020(1).

144. 朱国辉，谢安邦. 英国高校内部教育质量保障体系的发展、特征及启示：以牛津大学为例 [J]. 教师教育研究，2011(2).

图书在版编目（CIP）数据

研究生教育指数：理论与实证 / 黄宝印著 .
北京：中国人民大学出版社，2025.1. -- ISBN 978-7
-300-33420-2
Ⅰ. G643
中国国家版本馆 CIP 数据核字第 2024A3J893 号

研究生教育指数：理论与实证
黄宝印　著

出版发行	中国人民大学出版社		
社　　址	北京中关村大街31号	邮政编码	100080
电　　话	010-62511242（总编室）	010-62511770（质管部）	
	010-82501766（邮购部）	010-62514148（门市部）	
	010-62515195（发行公司）	010-62515275（盗版举报）	
网　　址	http://www.crup.com.cn		
经　　销	新华书店		
印　　刷	唐山玺诚印务有限公司		
开　　本	720 mm×1000 mm　1/16	版　次	2025年1月第1版
印　　张	12.75 插页1	印　次	2025年1月第1次印刷
字　　数	151 000	定　价	58.00元

版权所有　　侵权必究　　印装差错　　负责调换